Éloge des mères

EDWIGE ANTIER

Éloge des mères

Faire confiance à l'instinct maternel pour favoriser l'épanouissement de nos enfants

EDITIONS FRANCE LOISIRS

Éditions du Club France Loisirs,
avec l'autorisation des Édiotns Robert Laffont.

Éditions France Loisirs,
123, boulevard de Grenelle, Paris
www.franceloisirs.com

ISBN : 2-7441-5422-9

À ma mère,

Ce livre n'existe que grâce à toi.

Tous les jours de mon enfance, à l'école comme à la maison, je t'ai vue enseigner aux enfants, leur transmettre la connaissance. De cette potion magique dans laquelle je suis tombée m'est venue la conviction si précoce que, moi aussi, je m'occuperais des enfants, j'aiderais à les élever ; mais je les soignerais en plus, et je les consolerais : je deviendrais médecin d'enfants.

Puis m'est venue petit à petit la certitude que pour épanouir un enfant, il faut protéger et soutenir sa mère.

Tous nos amis t'ont entendue dire : « Edwige, c'est moi qui l'ai construite ! » et moi, j'étais fière que tu sois fière de moi.

Donald W. Winnicott : « Il est d'une importance vitale que nous essayions de comprendre le rôle joué par les mères qui s'occupent de leurs nourrissons afin de pouvoir protéger la jeune mère de tout ce qui peut s'immiscer entre elle et son enfant. [...] En fait, les mères ne devraient pas avoir honte de découvrir qu'elles sont spécialistes, au point exact où le médecin et l'infirmière ne sont que dans une position d'assistants. »

I

Pourquoi faut-il aujourd'hui défendre la cause des mères ?

Vous êtes heureuse, épanouie : vous êtes enceinte ! Dans l'intimité de votre salle de bains, vous avez vu la petite fenêtre du test virer au rose. Vous allez le lui annoncer, mais pour l'instant vous voilà tremblante, bouleversée, promue à l'un des statuts les plus glorifiés de ce troisième millénaire : vous attendez un bébé, vous portez un embryon, minuscule esquisse d'être humain, bien vivant comme en témoigne le net rosissement du papier-test. Tout est inscrit dans le fœtus, ses gènes vont orchestrer le plus formidable monument qu'aucun architecte, aucun ordinateur ne peut programmer : un enfant, votre enfant, unique, sans copie possible, quoi que prétendent en laboratoire quelques Cagliostro des temps futurs... Il sera votre enfant, vous allez le dorloter, l'élever ; il sera votre prolongement humain et celui de son père, sur cette terre matérialiste. Alors vous prenez votre élan, sublime : « Chéri ! J'attends un bébé ! Nous allons avoir un enfant ! » C'est votre jour de gloire.

Et pendant neuf mois, vous serez choyée, auscultée, surveillée, échographiée, couverte d'attentions. Les médecins, les spécialistes en gynécologie, en biologie, en immunologie se pencheront sur votre ventre, votre futur bébé et votre sang, pour que tout se passe bien.

Vous choisirez votre maternité comme la reine des abeilles choisit sa ruche, et vous verrez trottiner sages-femmes en bleu et puéricultrices en rose, affairées à votre service pour le jour J. Profitez-en...

Car lorsque vous serez mère, une fois les fleurs fanées et les dragées croquées, tout ce que la société d'aujourd'hui sécrète d'ambivalence à l'égard d'un rôle perçu comme tout-puissant commencera à s'exprimer. Des notions psy mal digérées autoriseront tous les anathèmes. On aura beau vous enjoindre : « Ne culpabilise pas ! », titrer à longueur de magazines parentaux : « Mamans, cessez de vous sentir coupables », « Déculpabilisons les mères ! », vous serez chargée des mille et un abus de pouvoir sur cet enfant, et chacun ira de sa critique :

• Elles veulent toutes une péridurale, maintenant...

• Comment ! Vous ne l'allaitez pas au sein ?

• *Et tout aussi bien :* Vous l'allaitez encore, à six mois ! Vous êtes trop fusionnelle !

• Vous le prenez dans vos bras chaque fois qu'il pleure ? Vous allez voir le petit capricieux que vous allez en faire...

• Vous pleurez ? Alors que vous avez un si beau bébé...

• Il régurgite ? C'est un signe de surstimulation !

• Tu vas déjà reprendre ton travail ? Si ce n'est pas malheureux alors qu'il est si petit !

• Tu le confies à ta concierge ? Les spécialistes disent pourtant que « le bébé est une personne » !

• Vous me demandez un temps partiel ? Mais il faut choisir : ou bien vous êtes ingénieur à temps plein, ou bien vous êtes mère et vous élevez vos enfants...

• Vous ne le mettez pas à la garderie ? Quand le rendrez-vous un peu « autonome » *(le mot est lâché)* ?

• Il fait des colères ? Mais laissez-vous le père jouer son rôle ?

• Vous l'aidez pour ses devoirs ? Il faut lui apprendre à se gérer lui-même !

• Vous rentrez tard du travail ? Alors ne vous demandez pas pourquoi ses notes fléchissent...

• Tu vas te séparer de son père ? As-tu pensé à ton enfant ?

• Tu vas lui faire un petit frère ? Le pauvre !

• Il est insolent ? Évidemment, il ne voit pas beaucoup son père...

Et bien sûr, l'accusation valant pour la génération précédente de génitrices, je n'oublie pas votre mère, la reine mère, qui, par définition, est coupable envers vous d'ingérence ou de non-assistance, au choix. Mais si votre « psy » a fait son travail, vous n'êtes pas définitivement fâchée avec elle, seulement très distante. On ne peut pas la dire maléfique, encore que... elle pèse forcément de tout son poids maternel sur votre inconscient. Car vous l'avez compris, la mère est toujours coupable, et donc la mère de la mère...

Certes la psychanalyse a apporté une lumière considérable sur le rôle de la mère auprès de son enfant. Je dirai ici toute mon admiration à ses grands visionnaires. Les bébés et leurs parents m'ont démontré, tout au long de mes trente ans de pratique, combien les observations de ces thérapeutes sont riches et vraies, de Freud à Dolto, en passant par Winnicott et Lebovici. Malheureusement, une interprétation simpliste, erronée et partisane de leurs découvertes, diffusée par des psys aux idées dogmatiques qui se réclament de la psychanalyse, les dévoie quotidiennement et déstabilise les mères. Je ne manquerai pas de dénoncer ces dérives en rappelant régulièrement les paroles des maîtres. Car mon expérience de trente ans de pédiatrie comme ma formation en psychopathologie de l'enfant et les découvertes de la neurophysiologie contemporaine me permettent de trier le bon grain de l'ivraie, dans l'intérêt des parents et de leurs enfants.

Quoi qu'il en soit, de la première tétée au collier de nouilles que votre petit vous offre tendrement pour la fête des mères, de ses premiers pleurs devant Bambi orphelin à ses incessants « Maman, pourquoi... ? » vous vous sentez sa référence au monde. Une petite musique en vous vous dit qu'être mère est la plus merveilleuse aventure humaine. Et en effet, il y a de quoi rendre perplexes les institutionnels de l'enfance, qui cherchent leur propre rôle, entre substitut parental ou humbles soutiens ; vos copines, à qui vous ne pouvez plus parler sans être interrompue par votre cher bambin ; vos amis, qui ne vous voient plus sortir dîner (pourquoi perdre son temps quand un être aussi attachant vous attend impatiemment à la maison ?) ; et le père, qui cherche son nouveau rôle.

La mère est trop souvent critiquée dans notre société, de ses premiers élans vers son nouveau-né jusqu'à l'entrée de son enfant dans le monde des adultes, et cela malgré les mises en garde, il y a déjà cinquante ans, du grand pédiatre et psychanalyste anglais Donald W. Winnicott. Or si nous continuons à déstabiliser l'instinct maternel, nous enclenchons une véritable machine à produire la violence enfantine. Il est urgent de tirer la sonnette d'alarme dans un pays où le nombre des gardiens de prison augmente alors que celui des pédiatres, profession reconnue « sinistrée » au ministère de la Santé, diminue ! Ne sachant plus soutenir les parents, acteurs principaux de la prévention de la violence durant la petite enfance, on multiplie les gardes-chiourme. Quel est l'avenir d'une telle société ?

À mes yeux, la reconnaissance de l'importance du

rôle maternel ne remet en question ni l'activité professionnelle de la mère, acquis fondamental pour sa dignité et sa sécurité, ni l'organisation des modes de garde, ni le rôle du père. Nous allons voir, au contraire, comment ces éléments, telles les pièces d'un puzzle, doivent être assemblés pour aider la mère à épanouir son enfant en respectant ce qu'elle ressent instinctivement. La société doit se mobiliser pour la soutenir, les professionnels de l'enfance doivent l'aider avec tout le dévouement que je leur connais. Et il faut qu'ils soient encouragés par leurs formateurs, pédiatres et psychologues, à la plus grande humilité ; que jamais ils ne portent de jugements sur la mère ni qu'ils pensent pouvoir se substituer à elle. Car elle ressent souvent cela comme une rivalité, qui la déstabilise et nuit au développement de l'enfant.

Arrêtons le massacre des mères, comme on a cessé celui des bébés phoques ! Winnicott nous a mis en garde : « Un bébé tout seul *(comprenez : sans sa mère)*, ça n'existe pas. » Voilà donc mon nouveau combat : l'éloge des mères. Il est temps de le proclamer : par définition, vous êtes sublime, unique, structurante et indispensable, bénéfique pour votre enfant. Les neurosciences et la biologie viennent d'ailleurs soutenir mon éloge puisqu'elles prouvent aujourd'hui, nous allons le voir, que l'instinct maternel existe.

II

Toutes coupables ?

« Mange du veau, ma fille, aurait dit maman, sa chair tendre permet de retourner à l'enfance insouciante. » Il faut se tourner vers un auteur d'origine africaine, Calixthe Beyala, pour retrouver les accents d'une ode à la mère, la recherche d'un enracinement dans les valeurs qu'elle transmet. Car au fil des discours tenus sur la mère depuis que la psychanalyse est née, nous l'avons rendue coupable aux yeux de tous, à tout moment, et l'avons conduite à douter en permanence d'elle-même. Et notre culture occidentale, mélange subtil de féminisme et de psychanalyse, a achevé de nous séparer de la référence constante à notre mère et à sa cuisine, qu'il s'agisse de ses fourneaux ou de sa cuisine psychologique, l'art avec lequel elle nous a accommodés. Le plus grand coup de poignard dans le cœur des mères a certainement été le livre qu'Élisabeth Badinter a publié en 1980, *L'Amour en plus*, où elle développe une théorie déniant à la mère tout instinct affectif pour son enfant. La brillante historienne a mis toute sa passion à démontrer que l'amour maternel était un sentiment aléatoire, qui ne relevait que d'un comportement social variable selon l'époque, les mœurs et l'entourage. Cette théorie s'est inscrite dans le courant féministe initié par Simone de Beauvoir : la maternité risquait de freiner l'épanouissement des femmes qui se voulaient les égales des hommes. Et la nature instinctive de l'amour maternel risquait de confiner éternellement la mère dans le rôle de celle qui nourrit, qui porte, qui élève, l'empêchant ainsi d'accéder socialement aux postes occupés par les hommes. Or il était indispensable au combat féministe de montrer que l'éducation d'un enfant ne constitue pas un boulet incontournable dans la vie d'une femme, et de la dissocier de l'instinct.

La théorie d'Élisabeth Badinter a reçu un écho d'autant plus large que son livre arrivait au moment où nos mères avaient conquis de haute lutte une indépendance morale et matérielle. L'enfant et la charge qu'il représentait apparaissaient alors comme le fait d'une discrimination incontournable entre les sexes. Or, dès qu'il fut possible de revendiquer l'idée que l'instinct maternel n'existait pas, l'espoir d'un partage des tâches éducatives fut permis. La perte de faveur de la fonction maternelle s'est ainsi enrichie de nombreux portraits de mères indignes, qui sont eux-mêmes venus conforter cette thèse selon laquelle la mère n'était pas vraiment indispensable à son enfant. C'est pourquoi on a eu recours aux mères de substitution, telles les crèches collectives dès l'âge de trois mois, libérant les vraies mères pour travailler, ou bien on a fait appel au père à cor et à cri pour qu'il devienne « nouveau », c'est-à-dire participe aux soins du nouveau-né. Heureusement, nous le verrons, ces tentatives ne sont pas parvenues à dissuader les femmes de vivre la procréation et l'amour pour leur enfant comme un diamant qu'elles portaient en elles, malgré les souffrances et la culpabilisation que toute une société s'appliquait à leur faire endosser. Le devenir mère n'est pas seulement une étape de presque toutes les vies féminines, c'est une transformation grandiose et bouleversante que la plupart des femmes veulent vivre aujourd'hui encore.

Mais il y a bien des façons d'être maternelle. Donald W. Winnicott prévenait déjà : « Il y a, dans le monde, place pour toutes sortes de mères et certaines seront bonnes pour une chose, d'autres pour une autre. Peut-être devrais-je dire que certaines sont mauvaises pour une chose et d'autres mauvaises pour une autre. » Mais quelles qu'elles soient, « nous commençons seulement à comprendre combien le nouveau-né a absolument besoin de l'amour de sa mère », ajoutait-il.

Les mères ont toujours deux faces, celle de la mère et celle de la marâtre des contes de fées. Elles sont sorcières par moments, bonnes fées à d'autres. Le problème est qu'aujourd'hui on ne met en évidence que la mauvaise face. Certaines mères, à des périodes de leur vie, ou dans une configuration conjugale particulière, peuvent être défaillantes. Au lieu de toutes les culpabiliser comme on le fait actuellement, ne vaudrait-il pas mieux dépister et traiter celles qui sont, souvent temporairement, en danger d'être néfastes à leur enfant ? Nous allons faire ici la revue de ces « mauvaises mères » que l'on a si souvent données en exemple pour essayer de prouver qu'il n'y a pas d'instinct maternel. Et nous montrerons que les mères défaillantes ne prouvent pas la non-existence de l'instinct maternel, de la même façon que les anorexiques ne prouvent pas que le besoin de manger n'est pas instinctif.

Je pense urgent que l'on s'insurge contre cette idée aujourd'hui dominante que toutes les mères sont coupables : quoi qu'elles fassent, c'est toujours trop... Cette remise en question permanente du rôle de la mère, et surtout de sa sensibilité, engendre des dégâts considérables dans notre société. Dès lors que, tout bébé, vous percevez que votre mère tremble de faire des fautes, s'inquiète de savoir si elle vous prend trop souvent dans ses bras, vous berce trop, vous nourrit trop, vous êtes déjà dans l'insécurité. Lorsque ensuite, à chacune de vos colères d'enfant, votre mère pense qu'elle s'y prend mal, s'entend dire qu'« il y a des fessées qui se perdent », qu'il faudrait que votre père intervienne et fasse montre de son autorité, vous ne pouvez que redoubler vos caprices dans l'espoir de leur trouver enfin une limite. Et quand, rentrant du travail, elle craint de ne pas vous consacrer le bon moment, celui où vous êtes disponible, le jeune enfant que vous êtes se sent trop empli d'émotion ou de fatigue pour que vous ayez envie de jouer ou de lui raconter ce que vous avez fait à l'école. Et voilà l'interaction perturbée. Car dès que vous sentez qu'elle n'est pas assez attentive à votre travail scolaire ou à vos sorties d'éveil, que vous n'avez pas droit à une grasse matinée télé le dimanche car « la télévision, c'est mauvais pour les enfants », vous réclamerez plus. Lorsque ensuite, n'ayant pas su harmoniser sa vie de mère et sa vie professionnelle, la mère se trouve en conflit conjugal et en arrive à la séparation, vous lui en demandez encore plus. Vous vous êtes déjà glissé dans son lit la nuit et elle, épuisée, n'a pas su vous renvoyer dans votre chambre. Vous voilà qui demandez « où est papa ? », et la voilà qui se demande si elle doit laisser plus de place à ce père qui souvent en revendique. Pas étonnant, enfin, qu'adolescent, vous leviez les yeux au ciel dès qu'elle parle, la contredisiez, et ne trouviez pas de mots assez durs pour l'épingler comme mère défaillante. N'est-ce pas le discours que l'on vous tient sur la mère depuis votre naissance ?

La mère dans notre culture est toujours coupable, et c'est ainsi que se construisent des enfants sans repères.

« Et le père dans tout ça ? » me direz-vous. Bien sûr, je ne l'oublie pas. Il est fondamental. Mais son rôle est-il de changer, biberonner, bercer, d'être un clone de mère, un « nouveau père » comme on a tant voulu qu'il soit ? Ou plutôt un compagnon, un soutien de la mère, son protecteur, celui qui la glorifie, un « support » au sens anglo-saxon du terme ? Nous allons en parler tout au long de ce livre. Je pense que l'erreur du discours actuel est de vouloir faire au père une place de « mère-bis » plutôt que de l'encourager à être le soutien constant de la mère, qui intervient en premier lieu dans la construction du jeune enfant.

Les mauvaises mères

Pour démontrer l'absence d'instinct chez la mère, Élisabeth Badinter a répertorié toutes les situations historiques d'indifférence maternelle. Elle décrit le nourrissage mercenaire des enfants pour montrer combien les femmes considèrent qu'elles ont « mieux à faire » que de s'occuper de leur bébé. L'historienne dénonce ainsi la mise en nourrice courante dans l'aristocratie, puis au XVIIe siècle dans la bourgeoisie, et enfin dans toutes les couches de la société urbaine au XVIIIe. Les enfants transportés à cinquante lieues de la capitale, chez des nourrices maladives et misérables, mouraient en nombre impressionnant : en 1780, à Paris, sur 21 000 naissances, moins de 1 000 enfants étaient nourris par leur mère ; et les médecins de l'époque dénonçaient déjà le taux de mortalité de ceux qui étaient en nourrice. Élisabeth Badinter voit là la preuve que les mères n'ont que mépris pour leur enfant. Même si elle reconnaît que « les femmes d'ouvriers et d'artisans, grandes pourvoyeuses d'enfants pour les nourrices, n'avaient pas vraiment le choix » ; même si elle reconnaît que « nul n'aurait l'impudence d'affirmer que toutes ces femmes qui abandonnent d'une façon ou d'une autre leur enfant le faisaient par manque d'amour » ; même si elle reconnaît que « le choix de ces femmes était déterminé par l'influence de l'idéologie dominante » car l'autorité du père et de l'époux dominait la cellule familiale, elle ne voit pas que l'instinct maternel existait mais qu'il était entravé par la pression conjugale et sociale.

Or l'habitude du nourrissage mercenaire était fort ancienne en France. Le premier bureau des nourrices à Paris date du XIIIe siècle. Le phénomène concernait alors presque exclusivement les familles aristocratiques et les nourrices venaient en général « sur lieu », c'est-à-dire dans la famille, nourrir le bébé, tandis que la jeune mère était tenue à un rôle social de représentation antinomique de la fonction nourricière. Elle choisissait cependant soigneusement sa nourrice selon les critères de l'époque, et la gardait sous son toit. Au fur et à mesure que la société s'industrialisa, les milieux sociaux les plus modestes durent mettre leurs enfants en nourrice. Et plus la mère était matériellement démunie, plus l'enfant vivait loin de ses parents car les nourrices des proches banlieues étaient aussi les plus chères. Condamner toutes ces mères revient à reproduire le rejet social dont fut victime la Fantine des *Misérables*. Le bannissement de cette fille mère a scandalisé tous les lecteurs de Victor Hugo. Prête à accepter les travaux les plus durs pour payer les soins de son enfant placée chez les Thénardier, réduite à se prostituer pour payer sa pension, Fantine peut-elle passer pour une mauvaise mère ? Jeter l'opprobre sur les mères qui mettaient leur enfant en nourrice me semble simpliste ! La culpabilité devrait peser sur la société de l'époque et sur les patriarches de la famille, sur le père qui, le premier, aurait dû protéger la mère de son enfant. La théorie qui prétend refuser aux femmes l'instinct maternel, en les traitant de « mauvaises mères », me semble méconnaître la souffrance et les contraintes infligées aux femmes par leur environnement social et ne me semble pas acceptable.

Le déni de l'instinct maternel a pesé d'un grand poids sur la condition des femmes d'aujourd'hui. Les syndicats professionnels dirigés par des féministes pleines d'enthousiasme ont lutté, et c'est louable, pour que les femmes bénéficient des mêmes avantages que les hommes. Or cela n'a fait que freiner l'aménagement du temps de travail et donc la possibilité de concilier travail et fonction maternelle. L'argument invoqué était que le temps partiel pénaliserait les femmes dans leurs revenus, leur retraite et leur carrière. Ainsi, contrairement aux formidables avancées de la Suède où la jeune mère peut disposer d'un temps parental puis retrouver exactement l'emploi qu'elle a quitté, les femmes françaises ont dû continuer à travailler à temps plein, comme les hommes. Lorsqu'on a diminué le temps de travail, ce fut à égalité pour les hommes et les femmes.

Les mères qui choisirent de rester chez elles furent méprisées. La plupart d'entre elles s'entendent dire qu'elles « ne font rien » et me parlent de l'inexistence sociale où cela les plonge. « Lors d'un dîner en ville, me disait récemment l'une d'elles, si l'on me demande quelle est mon occupation et si je réponds : "je m'occupe de mes enfants", je passe pour une analphabète ramollie. » Ainsi, la plupart des jeunes femmes vivent-elles une véritable crise d'identité lorsqu'elles s'arrêtent de travailler pour élever leurs enfants.

Il fut aussi de bon ton de prétendre que la garde collective dès l'âge de trois mois était tout à fait adaptée au développement des enfants. Les partisans d'une garde par la mère furent traités de « sexistes ». On développa même la thèse selon laquelle ce n'est pas le temps passé avec l'enfant qui compte, mais la qualité de ce temps, prétendant qu'un bon quart d'heure vraiment disponible auprès du bébé valait mieux qu'une heure avec lui dans la maison à vaquer à ses activités. Une opinion séduisante, mais comment être certain qu'un nourrisson sera mentalement disposé à jouer et communiquer au même moment que la mère ? Le problème, soulignent les jeunes mères, c'est que lorsque vous rentrez du travail et que vous n'avez qu'un temps limité à consacrer à votre enfant, il ne sera pas forcément éveillé, disponible pour jouer ou vous raconter ses chagrins. On a aussi beaucoup argué de ce que la mère pouvait être isolée, déprimée, irritée d'avoir à changer des couches au lieu de travailler, pour déclarer qu'elle n'était pas la personne adéquate pour prendre soin d'un enfant. Ces considérations sont tout à fait défendables. Comme celles qui précèdent. Mais, plutôt que d'en conclure à l'incompétence ou à la défaillance des mères, mieux vaudrait aider ces dernières à préserver leur identité professionnelle grâce à un temps partiel, qui leur ménagerait de véritables moments en compagnie de leur enfant quand elles en ressentent le besoin. C'est de cette façon qu'on peut instaurer le respect de la mère et de l'enfant, et non en défendant des institutions qui, soi-disant, élèveraient mieux l'enfant que ne le ferait sa propre mère. Plutôt que de nier l'instinct maternel et de prôner la nécessité de substituts maternants dans l'éducation du bébé, mieux vaudrait encourager l'entourage à suffisamment protéger la mère pour qu'elle ne se sente pas incompétente et coupable.

Les mères indignes, les Folcoche

« Ma mère parut, et ce récit devint un drame. » Tout le monde se souvient du cri de révolte du héros de *Vipère au poing*. « “Allons venez, dit ma mère d’un ton neutre, il faut vous laver les mains.” La manœuvre consistait à nous isoler des témoins. Elle se contint jusqu’au palier, mais là, les mains, les pieds, les cris, tout partit à la fois. Folcoche se rua sur nous, elle réglait ses comptes, Freddy se laissa faire. Il avait un chic particulier pour lasser le bourreau, en s’effaçant sous les coups. Quant à moi, pour la première fois, je me rebiffai. Folcoche reçut dans les tibias quelques répliques du talon et j’enfonçai trois fois le coude dans le sein qui ne m’avait pas nourri. Évidemment, je payai très cher cette fantaisie ; elle abandonna tout à fait mes frères qui se réfugièrent sous une console, et me battit pendant un quart d’heure sans un mot jusqu’à épuisement. J’étais couvert de bleus en rentrant dans ma chambre, mais je ne pleurais pas. »

Oui, des mères comme Folcoche, j’en ai vu. Des mères qui sont capables d’être admirables, extrêmement maternelles avec certains de leurs enfants, et dont l’agressivité et la haine se fixent sur l’un d’eux, le bouc émissaire. Ces mères peuvent être aussi sublimes avec l’un de leurs enfants que maltraitantes avec l’autre. Mais autorisé par la psychanalyse qui a particulièrement discouru sur leurs cas en recueillant les propos de leurs fils traumatisés, l’entourage de telles mères aura vite fait de démystifier l’ensemble des mères. Souvent à l’un ou l’autre des moments les plus délicats de la longue période de vie nécessaire à construire un enfant.

Ainsi, des discours similaires à celui d’Hervé Bazin concernant sa mère sont de plus en plus courants dans la bouche des adolescents et des adultes. Le docteur Naouri témoigne : « J'ai présents à l'oreille les discours dépités, révoltés, amers ou haineux que nombre de filles, les mâchoires serrées et l'œil brillant, m'ont tenus à l'endroit de leur mère. » Le même auteur parle d'une mère qui meurt un jour d'un cancer généralisé : « Je me surprends à m'amuser des facéties de la langue, quand j'apprends que les médecins auraient été gênés dans leur travail parce qu'ils ne seraient pas parvenus à identifier la tumeur mère. » Une insinuation dans l'air du temps à l'encontre de la mère de la mère... Pour ce confrère pédiatre, comme pour beaucoup de voix autorisées, la mère veut absolument soumettre sa fille à ses diktats : « "Comment, tu ne veux pas, tu refuses, tu te défierais de moi ? [...] Me mépriserais-tu à ce point ? Est-ce là la seule estime que tu as pour moi ? C'est donc ainsi que tu comptes marquer ta reconnaissance à l'endroit des soins dont je t'ai entourée ? C'est comme ça que tu comptais m'en payer le prix ? C'était bien la peine d'avoir fait ce que j'ai fait pour toi !" [...] Quand ce type de discours ne va pas plus loin encore et n'affiche pas la demande comme une exigence pure et simple assortie de vexations écrasantes, sinon de menaces effrayantes. » Quelle vision des mères ! Pourtant, je les entends tous les jours dans mon cabinet : elles n'élèvent absolument pas leur enfant dans l'espoir d'une gratitude future. Elles rêvent par contre de le voir entrer dans l'âge adulte, au terme du long chemin qu'ils ont à faire ensemble, autonome, capable de s'assumer matériellement dans un métier épanouissant, capable d'aimer et de fonder une famille. L'idée qu'il n'en sera pas pour autant pétri de reconnaissance leur paraît évidente. Leur récompense, me disent-elles, sera de le voir quitter le nid familial armé pour la grande vie, et capable à son tour de procréer et construire, jour après jour, ses enfants, inspiré par l'exemple de sa propre mère, même si c'est pour faire bien différemment...

De Folcoche aux mères de Naouri, le portrait de la mère indigne est donc devenu notre triste référence. Il ne faut alors pas s'étonner du large écho rencontré par une émission sur la mort subite diffusée par une grande chaîne de télévision française durant laquelle on laissa entendre que de nombreux bébés déclarés morts de ce mal avaient en fait été tués par leur mère ! La révélation de l'existence de ce « syndrome de Munchaüsen par procuration » emballa les esprits, et les mères qui avaient eu le malheur de voir leur bébé touché par la mort subite eurent à subir le regard soupçonneux de leurs proches.

Les centres de référence de la mort subite furent assaillis d'appels téléphoniques au point que mon confrère le docteur Beaufils me demanda de reprendre ce thème sur les ondes pour souligner la rareté du « syndrome de Munchaüsen par procuration ».

Tout le monde avait regardé, de façon un peu voyeuriste, des mères qui étouffaient leur enfant sous les caméras espionnes dans des services de pédiatrie américains. Or la France dispose d'un système de surveillance des bébés beaucoup plus performant que les États-Unis, en particulier grâce au carnet de santé. D'un pédiatre ou d'un hôpital à l'autre, le fil du suivi médical des jeunes enfants permet de détecter l'éventuelle folie de la mère : quand le nombre d'hospitalisations, traitements, examens atteint des proportions anormales, on peut faire l'hypothèse d'un « syndrome de Munchaüsen par procuration ». Nous pouvons donc affirmer que, dans notre pays, ce syndrome est rare. Mais l'accueil qui fut fait à cette émission montre combien l'image de la mère est fragile dans notre civilisation occidentale actuelle.

Bien sûr certains enfants souffrent d'un maternage

tout à la fois excessif et phobique. Le désir de surpuissance de certaines mères trouvant satisfaction dans leur vocation supposée à soigner leur enfant, elles leur administrent quantité de médicaments ou, inversement, leur imposent des privations qu'elles prétendent bénéfiques, cherchent à le protéger des microbes, parmi lesquels elles rangent les contacts avec d'autres, y compris avec le père. Les enfants soumis à de tels traitements peuvent apparaître débiles, phobiques de toute communication et leur angoisse peut se transformer en troubles organiques qui en feront des candidats privilégiés aux examens médicaux à la chaîne, aux hospitalisations inutiles, aux exclusions scolaires. Leur imaginaire est perverti par les obsessions maternelles. Mais de telles situations sont elles aussi extrêmement rares. À les généraliser, à considérer, comme le disent parfois mes amis psychanalystes, que « toute mère est dans la folie maternelle », que cette folie est inéluctable, on a ridiculisé la fonction sublime de mère.

Mieux vaudrait se demander pourquoi il y a des mères qui maltraitent leur enfant, pourquoi il y a des ratés de l'instinct maternel. La vraie question est : qu'est-ce qui peut nuire à la juste interaction entre une mère et son enfant ? On découvrira alors que c'est en général la propre histoire de la mère, ses relations à ses parents, et la résurgence des problèmes qu'elle a connus une fois son enfant né. La famille, les antécédents sont des facteurs très importants, de même que les relations avec le père. Imaginez une femme quittée par son mari pendant sa grossesse. À moins d'être soutenue par l'équipe médicale, par sa propre mère et par la société, elle aura du mal à laisser libre cours à son instinct maternel après la naissance. Elle risque alors de devenir une mère pathologique. La question n'est donc pas de savoir si toute mère est folle et si des intervenants extérieurs doivent la séparer de son enfant. Le plus souvent, son instinct maternel lui dicte les comportements bénéfiques pour son enfant. Mais cet instinct maternel peut être perturbé par ses antécédents, par son entourage. Les professionnels de l'enfance et les membres de la famille doivent veiller avec vigilance à restaurer la chaîne des solidarités autour d'elle. La paix doit se faire au-dessus des berceaux.

Je ne rappellerai jamais assez à mes amis psychologues combien il faut être prudent avant de déclarer d'une mère qu'elle est défaillante. Surtout lorsque cette déclaration est faite à un enfant en construction, un adolescent ou même un jeune adulte, comme je le vois si souvent pratiqué en cure psychanalytique. Mieux vaut restaurer l'image maternelle de même que dans cette histoire que rapporte Donald W. Winnicott : « Un matin, la mère d'Esther sortit de chez elle avec sa fille de cinq mois, erra dans les champs près d'un canal, aperçut un homme qui creusait un trou, s'approcha et jeta le bébé à l'eau. Immédiatement, l'homme le repêcha. Mère indigne à première vue, elle fut d'ailleurs arrêtée et internée, mais pendant les quelques mois où elle garda sa fille, elle l'idolâtra et lui donna tout l'amour qu'elle pouvait, puis sentant que son équilibre mental vacillait, elle préféra s'en séparer et lui donner sa chance. Recueillie par une famille qui sut l'aimer, Esther devint une jeune fille heureuse : à onze ans, elle écrivait des poèmes magnifiques où elle traçait en une suite de vers courts et avec une économie de mots un tableau parfait de la vie au sein d'une famille heureuse. Ainsi, une "mère très malade" peut avoir donné à son bébé un départ exceptionnellement mauvais et se révéler après coup une bonne mère. »

Les mères divorcées

Soixante-quinze pour cent des divorces sont demandés par les femmes. Or on sait combien le divorce bouleverse la vie des enfants. De là à conclure que les mères font passer leur vie sentimentale, ou, pire, sexuelle, avant l'amour de leurs enfants, il y a un soupçon constant qui imprègne notre société. On en vient même, tout en déplorant que les femmes veuillent si fréquemment la séparation, à les soupçonner d'abus de pouvoir quand elles réclament que la résidence principale s'établisse chez elles pour offrir un foyer stable à leurs enfants. Nous verrons plus loin que le vœu de résidence alternée, de plus en plus répandu chez les pères, est une excellente évolution, mais suppose un respect mutuel entre les parents. Quant à la mère qui ferait appel à la justice parce que le père de son enfant pourrait être psychologiquement pervers ou maltraitant, elle est systématiquement soupçonnée d'être une grande manipulatrice...

S'il existe de ces mères injustement accusatrices, l'écoute des enfants comme l'analyse des faits divers doivent mettre en garde les décisionnaires contre le refus d'entendre les préoccupations maternelles. Bien sûr, il peut arriver qu'une mère abuse de sa position et cherche à détruire gravement l'image du père, empêchant ses enfants de le voir ou l'accusant injustement de mauvais traitements. Mais – je le tiens de ma pratique et du long temps d'écoute que je prête aux uns et aux autres, parents, enfants et grands-parents, depuis trente ans – c'est un scénario peu fréquent. Dénier toute crédibilité à une mère peut aboutir au drame, comme on l'a vu dans certaine affaire récente : une mère demande la séparation d'avec son mari, dont les violences sur sa personne sont attestées par plusieurs procès verbaux de police. Le juge aux affaires familiales prescrit la visite de l'enfant chez le père un dimanche sur deux malgré les craintes de la mère. On retrouve dans un hôtel l'enfant étranglée, à côté du père hagard. L'appréhension des mères devrait être plus souvent entendue.

Les histoires de séparation parentale, telles qu'on me les rapporte dans le secret du cabinet médical, se déroulent de façon si répétitive que je pourrais dire, quand je reçois certains couples : « chronique d'un divorce annoncé ». Deux jeunes parents tout à fait attendrissants mettent au monde un bébé, passionnément attendu. Le père assiste à la naissance et l'émotion est à son comble. Il vient souvent à la maternité, devient un spécialiste des couches et du rot et réclame sa part d'allaitement en se levant la nuit pour donner le biberon. Puis la mère prend son congé de maternité, se retrouve seule à la maison, tandis que le jeune père retourne à sa carrière professionnelle. Lorsqu'il rentre le soir, bébé souffre de ces coliques propres aux nourrissons d'aujourd'hui, qui ne dorment plus dans de vrais berceaux qui les bercent et qui ne sont plus allaités à la demande, mais dix minutes à chaque sein, selon les injonctions de la puériculture moderne. Les rations sont comptées : il ne faut pas trop lui donner de lait sinon il digérera mal ; le lit est dans une autre chambre : il ne faut pas donner d'habitudes quasi incestueuses à ce petit, n'est-ce pas ? Et le voilà qui pleure tous les soirs, au moment où le couple aurait un peu besoin d'intimité. Puis la mère reprend son travail, courant du domicile de la nourrice en qui elle n'a qu'une confiance relative – ou bien de la crèche, grande pourvoyeuse de bronchiolites – à son environnement professionnel, qui ne lui fera pas de cadeaux. De plus en plus fatiguée, quittant une activité pour une autre, elle n'a plus guère le cœur aux câlins conjugaux, d'autant plus que l'enfant en mal de présence parentale ne s'endort que dans les bras, ou se réveille quatre fois par nuit et tente de se glisser entre ses parents. Le père, lui, se trouve de plus en plus d'obligations au bureau, rentre de plus en plus tard, espérant que les colères et les caprices pour manger seront résolus et que le bain sera passé. Les week-ends en famille l'ennuient, comme les promenades-corvées si bien décrites par Hervé Bazin dans *Le Matrimoine.*

La mère maigrit, pâlit, n'a plus le goût à s'habiller ni à se maquiller et devient plus mère qu'épouse. Elle se raisonne à ce propos : avec le temps, les choses reprendront leur place. Ne doit-elle pas d'abord vivre les moments si riches qu'on lui a promis, puisque les mères qui travaillent sont supposées offrir des instants d'amour et d'échange concentrés à leur enfant lorsqu'elles rentrent chez elles le soir ? Puis l'histoire se complique encore : l'enfant unique ne constituant pas un projet suffisant pour construire une famille, on en fera un deuxième, afin d'apprendre au premier à partager et de ne pas le laisser grandir seul. Les statistiques le montrent, plus la famille se développe, plus l'ardeur du nouveau père s'émousse et plus sa carrière professionnelle s'épanouit, celle de sa femme se réduisant, dans le même temps, à une peau de chagrin. Elle continue bon an mal an, mais la voilà de plus en plus écartelée entre les enfants qui se battent pour attirer son attention à son retour et l'institutrice qui la convoque pour lui faire part de leurs difficultés de concentration. Le jeune père a l'impression d'être prisonnier d'une garderie. Il s'en échappe en passant son temps sur son ordinateur, son portable. Bientôt sa jeune femme découvre que le portable est empli des appels de rivales, le plus souvent proches collaboratrices. Alors, épuisée, ayant l'impression que le père de ses enfants ne manquera pas beaucoup puisqu'il est si peu présent, elle demande la séparation. Mais le combat commence. Car le père réalise que le temps passé auprès de ses enfants lui sera désormais compté. Et il s'y refuse, quand bien même le temps de visite accordé par la justice lui garantirait plus de présence auprès d'eux qu'avant ; il rechigne à assumer une participation financière à leur éducation. Le voilà installé chez sa nouvelle compagne, le divorce demandé et les enfants déchirés. Faut-il dire, au vu de ce schéma mille fois rencontré, que les mères qui divorcent sont des mères coupables, de mauvaises mères, ou qu'elles sont victimes d'un système social qui programme ces séparations pratiquement dès la naissance de l'enfant ? Les femmes qui demandent le divorce ne savent pas aussi bien que les hommes s'installer dans une double vie, tout simplement. En tant que pédiatre, mon expérience m'a conduite à proposer des entretiens aux jeunes couples afin de préparer les parents à se comprendre et prévenir une telle bérézina. Et cela me paraît d'autant plus utile que si on les retrouve divorcés et remariés quelques années plus tard, ils auront, chacun de leur côté, reconstruit un système équivalent et vivront à nouveau la spirale métro, boulot, marmots.

Toutes ces considérations ne peuvent pas nous permettre non plus de soutenir ceux qui accusent la mère de dénoncer la violence potentielle du père afin de faire une sorte d'OPA sur leur enfant : une fois que son compagnon lui a donné une progéniture, elle n'aurait plus qu'à se débarrasser de lui. « L'enfant qu'elles mettront au monde par leur sexe leur fera en quelque sorte et peu ou prou office de ce qui leur aura manqué [le pénis] et qu'elles auront donc heureusement eu raison de chercher à avoir », écrit Aldo Naouri. Autrement dit, l'enfant ayant comblé leur envie de pénis, leur mari ne servirait plus à rien. Il est certain qu'un enfant donne à la mère une forme de puissance, mais celle-ci n'a rien d'agressif ni de comparable avec la puissance virile. Admirative des formidables découvertes de Freud, je ne peux pourtant suivre les extrapolations machistes de ses thèses.

Il ne faut pas non plus oublier que la condition de divorcée n'est pas une sinécure pour une femme. En France, trois mères seules sur dix vivent au-dessous du seuil de pauvreté. La condition socio-économique des mères isolées est souvent aggravée par le non-paiement de la contribution paternelle à l'éducation des enfants : en 1985, on estimait que, chez près d'un tiers de couples, les pensions alimentaires n'étaient pas versées. D'autre part, les chiffres semblent indiquer que les pères eux-mêmes reconnaissent que la relation de la mère à son enfant est plus facile, plus spontanée et plus naturelle. Plus des deux tiers d'entre eux déposent une demande en faveur de la fixation de la résidence des enfants auprès de la mère et seize pour cent seulement sollicitent qu'ils vivent auprès d'eux. Parmi les pères qui déposent une demande en faveur de la fixation de la résidence des enfants auprès de la mère, certains sont peut-être démissionnaires, mais si la moitié d'entre eux payent leur obligation alimentaire, c'est qu'ils considèrent que leurs enfants sont plus heureux chez leur mère. Sans doute ont-ils constaté combien ils sont démunis lorsqu'il leur faut être en première ligne, et seuls, pour s'occuper de leurs enfants.

Nous entrevoyons là un problème dont je parlerai plus loin : pour impliquer le père dans l'éducation de son enfant, au lieu de lui jeter à la figure le peu de temps qu'il lui consacre, mieux vaudrait l'aider, lui aussi, à trouver le chemin d'une paternité réjouie.

J'ai fait un bébé toute seule

Elle pose le nouveau-né sur le lit d'examen et m'annonce, péremptoire : « Docteur, il faut que je vous le dise, il n'a pas de père ! » Cette scène se produit assez régulièrement dans mon bureau, et l'entourage de ces femmes qui ont « fait un bébé toutes seules » ne manque pas d'arborer des mines réprobatrices. La seule, je dois le dire, qui a généralement quelque indulgence pour la nouvelle mère est justement sa propre mère. Apparaît ici une constatation importante en faveur de mon propos : la mère reste toujours indulgente dans son cœur, toute sa vie, pour son enfant, même lorsqu'il a grandi, même lorsqu'il a fait des choix discutables. Certains, tout emplis d'une « psy » dogmatique, prétendront que c'est par désir de surpuissance, pour infantiliser sa fille, que la grand-mère juge favorablement la naissance d'un bébé sans père. Je m'élève contre un tel discours. Je rencontre quotidiennement les mères de jeunes mamans. Elles ne sont absolument pas de machiavéliques marâtres qui rêvent d'avoir les pleins pouvoirs. Elles souhaitent que leur fille vive en couple et que leur compagnon la respecte et la protège. Mais lorsque leur fille est seule, elles ne lui jettent pas l'opprobre et représentent généralement le plus grand soutien que la jeune mère puisse attendre.

À l'étape suivante de la consultation, je fais bien sûr remarquer à la maman qu'elle n'a pas fait son bébé « toute seule », qu'un bébé a toujours un père. Alors, nous entrons un peu plus dans son histoire, je lui demande de s'asseoir, le bébé dans les bras, au sein ou au biberon, pour qu'il se détende et que nous puissions remonter au moment où elle l'a désiré. Car aujourd'hui, au siècle de la contraception, toute naissance comporte une part de désir. En reconstituant l'histoire de cette naissance, il apparaît très souvent que la mère a eu une liaison avec un homme dont elle ne savait pas qu'il était marié ou qui lui a fait croire qu'il quitterait sa femme. L'homme se dit trahi : « Elle m'a fait un enfant dans le dos. » Mais lorsqu'un homme a une liaison prolongée avec une femme approchant la quarantaine ou qui n'a pas encore eu d'enfant, ne doit-il pas se douter qu'elle sera la proie d'une pulsion de désir d'enfant telle qu'elle risque de cesser sa contraception sans le prévenir ? Une fois l'enfant conçu, que faire ? Il est difficile de demander à une femme d'interrompre une grossesse désirée. D'autant plus qu'il arrive souvent que ces prétendus non-pères aient approuvé le désir de leur compagne, mais aient disparu en cours de grossesse, laissant la mère seule sous le prétexte qu'elle a voulu cet enfant, et qu'elle doit donc l'assumer. Dans un cas comme dans l'autre effectivement, une jeune femme animée d'un désir extrêmement puissant, pour lequel je reprendrai le terme « instinctif », va se sentir à même d'assumer la situation, malgré les difficultés que cela représente. Elle vivra sa grossesse seule ; la naissance seule ; la semaine à la maternité seule... encore que l'ambivalence du désir paternel pousse souvent le père à des revirements assez complexes. Je n'accepterai jamais qu'on affirme qu'une femme fait un bébé toute seule ; cela n'est pas possible, ni génétiquement ni dans le désir. Ce dernier a toujours été peu ou prou entendu par l'homme. Il est impossible, et je tiens à en informer ces messieurs, de vivre une liaison prolongée avec une femme sans assumer, un jour ou l'autre, le fait qu'elle voudra faire de vous le père de son enfant. Certes, le rôle masculin a connu une véritable révolution depuis que la contraception a changé de camp. Autrefois, c'était l'homme qui « engrossait » la femme. Elle « tombait enceinte », terrible déchéance puisqu'elle n'avait pas choisi sa situation. Aujourd'hui, on pourrait dire que c'est la femme qui s'engrosse sans l'assentiment de l'homme, celui-ci « tombant » père sans l'avoir voulu. En réalité, il faut donner à tous nos fils la conscience que l'acte d'amour avec une jeune femme en période de fertilité crée un lien. Un jour viendra où le désir d'enfant sera dominant et ambivalent, chez l'un comme l'autre des partenaires. Il sera très difficile de démêler entre :

— Du côté de la femme :

• Je ne voulais pas d'enfant, mais j'avais envie d'être enceinte de lui.

• Peut-être, me sachant enceinte, va-t-il être émerveillé, me remercier et clarifier sa situation.

• Peut-être refuse-t-il de se décider à avoir un bébé, mais une fois qu'il sera là, sera-t-il un père attendri.

— Du côté de l'homme :

• Je sais bien qu'elle veut un bébé, qu'elle arrive dans la dernière ligne droite de ses possibilités procréatrices. De mon côté, l'enfant n'est pas envisageable, mais je la garde tout de même comme maîtresse.

• Si elle me dit attendre un bébé de moi et le vouloir, elle prendra ses responsabilités, et peut-être qu'au fond, je ne serai pas si mécontent, même si je ne m'engage pas vraiment.

• Je n'ose pas me dire que je suis prêt à cette paternité. Mais si, finalement, le bébé vient « tout seul », je serai peut-être très heureux ! (Et les exemples ne manquent pas, dans le secret du cabinet pédiatrique, de pères qui se sont « fait forcer la main » et me disent finalement être comblés.)

Voilà pourquoi il ne faut jamais dire tout de go : « Elle a fait un bébé toute seule... » Décider de faire un enfant est toujours un grand bouleversement dans la vie d'une femme, ce dont elle est parfaitement consciente.

Si les hommes peuvent, au cours d'une vie, semer un certain nombre d'enfants adultérins, ne pas les reconnaître ou ne pas s'intéresser à eux, une femme qui décide de procréer et de garder son bébé sait qu'elle sera liée à lui indéfectiblement et pour la vie entière malgré tous les moyens actuels de faire un enfant « quand je veux, si je veux ». Or aucune mère ne prétend qu'élever un enfant sans le père est une chose facile, ni qu'il ne sera pas en permanence à la recherche de cette moitié de lui-même. Je reçois de nombreux messages sur mon site Internet, dans lesquels de futures mères racontent qu'elles sont dans un grand état d'anxiété parce que l'homme avec lequel elles ont conçu leur enfant les a abandonnées au cours de leur grossesse. D'autres disent que leur compagnon ne veut pas du bébé qu'elles portent. Elles sont déchirées entre leur désir d'enfant et la volonté d'être honnêtes envers leur partenaire. Et comme elles ne veulent pas poursuivre leur grossesse si celui-ci persiste dans son refus d'enfant, elles sont aussi déchirées entre leur désir d'enfant et celui que cet enfant ait un père qui se sente accompli dans sa paternité.

Les statistiques de l'INED font apparaître que cinquante pour cent des femmes seules n'ont pas choisi ce statut. Parmi elles, la moitié ont été abandonnées par le père bien après la naissance de l'enfant ou sont veuves. L'autre moitié est constituée de femmes divorcées, la plupart ayant décidé de faire un bébé sans savoir qu'elles ne vivraient pas avec le père. Celles qui élèvent un enfant sans père identifié sont les moins nombreuses. Il faut distinguer celles qui choisissent le géniteur de leur futur enfant et celles qui s'adressent à des banques de sperme ou à un homme d'un soir qu'elles ne reverront plus. Ces derniers cas sont toujours mis en avant par notre société qui veut nous convaincre que les jeunes femmes sont tellement indépendantes qu'elles peuvent instrumentaliser l'homme. Mais en réalité, comme je le constate dans ma pratique, ces situations sont rarissimes. Ainsi, je vous rassure, messieurs, vous n'êtes pas les laissés-pour-compte de la procréation aujourd'hui. Toute femme rêve, comme dans un conte de fées, d'être heureuse avec le père idéal pour compagnon. Malheureusement, elles vous ont peut-être trop idéalisés. Or le rêve d'un homme parfait est précisément un danger qui pèse sur les enfants élevés par une mère seule.

Mère homosexuelle

Les jeunes femmes homosexuelles désirant un enfant défrayent la chronique aujourd'hui, réveillant cette curiosité que l'on éprouve pour les mères qui ne correspondent pas au profil type. On parle de plus en plus de ces familles aux parents de même sexe. En France, on estime à plus de soixante mille le nombre d'homosexuels vivant en couple, et six mille d'entre eux auraient un enfant, les lesbiennes parents étant un peu plus nombreuses que les gays. Quarante-cinq pour cent en effet des couples de lesbiennes désireraient un enfant, contre trente-six pour cent des couples gay. Mais il est fréquent que les couples homosexuels élèvent un ou plusieurs enfants conçus dans le cadre d'une union hétérosexuelle antérieure.

J'ai rencontré des mères homosexuelles. Il faut, à leur propos, distinguer deux types de maternité bien différents. La plupart de ces femmes ont eu des enfants lors d'une vie antérieure hétérosexuelle et se sont comportées comme des mères tendres et extrêmement maternelles. Lorsqu'elles se mettent ensuite en couple homosexuel, elles conservent l'instinct maternel propre à toute mère biologique. D'autres revendiquent le droit d'adopter un bébé. Celui-ci alors n'a pas de père auquel se référer, même si des substituts, la « marraine » comme me disait l'une d'elles, se comportent de façon plus masculine, à la façon d'un père.

Lorsque des lesbiennes veulent avoir un enfant de leur nouvelle union homosexuelle, elles peuvent engager une démarche d'adoption. Celle-ci est depuis peu devenue légale aux Pays-Bas, mais en France l'adoptante préfère se déclarer célibataire et dissimuler son homosexualité : si ce choix de vie n'est pas une raison officielle de refus d'agrément, dans les faits, il y conduit souvent. D'autres recourent à l'insémination artificielle. Cela va à l'encontre des lois sur la procréation médicalement assistée, mais il est possible de contourner la loi en se rendant dans les pays qui autorisent l'insémination artificielle pour les femmes seules sans exiger d'enquête préalable. Les homosexuelles ont également recours au système de la mère porteuse, ainsi qu'à l'insémination clandestine ou à des arrangements croisés entre couples gay et couples de lesbiennes.

Comment se développent les enfants procréés ou adoptés par un couple d'homosexuelles ? Ce que j'ai pu constater comme pédiatre, c'est que le désir d'enfant et l'instinct maternel sont aussi puissants chez les mères homosexuelles que chez les autres, dès lors qu'elles ont porté l'enfant. Cependant, j'ai souvent attiré l'attention des mères homosexuelles et particulièrement de la présidente de leur association, Martine Gross, sur la responsabilité qu'elles prennent en concevant par fécondation in vitro ou en adoptant un enfant : il risque en effet de rencontrer des difficultés à trouver son identité sexuelle. En 1999, l'American Psychological Association a publié des travaux montrant qu'on ne pouvait assurer que le développement psychosocial des enfants de parents homosexuels soit compromis. Ces enquêtes sont cependant à interpréter avec prudence car elles ne prennent pas en compte la multiplicité des situations qui existent. En particulier, on ne peut pas déduire les mêmes conclusions selon que l'on étudie les enfants nés d'une précédente union hétérosexuelle, ou adoptés par le couple homosexuel avant l'âge de quatre ans, ou encore adoptés après quatre ans. Car la construction de l'identité sexuelle se fait précisément à cet âge charnière. De la même façon, l'enfant ne peut pas s'identifier pareillement selon qu'il est sans père autre que génétique, et qu'il ne le connaît pas ; ou selon qu'il est né d'un couple hétérosexuel et qu'il est gardé à temps partiel par son père génétique. Je n'ai pas trouvé d'études différenciant toutes ces situations et qui permettraient d'avoir un recul suffisant pour dire comment se développeraient les enfants. Mais cette méconnaissance ne nous autorise pas pour autant à assimiler le désir des femmes homosexuelles d'adopter des bébés à un désir de toute-puissance et à nous en réclamer pour affirmer que les femmes veulent décidément faire des bébés toutes seules. Ce serait négliger le fait que les hommes homosexuels sont presque aussi nombreux à désirer avoir des enfants. Doit-on aussi les accuser de vouloir faire des bébés tout seuls ? Le désir d'avoir un enfant n'est-il pas plutôt symbole du désir de se prolonger, de prolonger son existence sur terre, ce qui est inhérent à tout être humain, qu'il soit homme ou femme ?

Celles qui abandonnent, les enfants nés sous X

Dans la longue liste des mères coupables, celles qui abandonnent constituent certainement l'exemple le plus cité. Voilà des jeunes femmes qui, bien qu'elles soient au bout de leur grossesse, accouchent clandestinement et abandonnent leur enfant pour laisser les services administratifs les confier à des inconnus ! Mais on ne dit pas assez le dénuement absolu dans lequel elles se trouvent. Le plus souvent, il s'agit de jeunes filles dont le niveau socio-éducatif n'a pas permis une éducation suffisante à la contraception. Elles se trouvent dans des univers patriarcaux, risquent des châtiments extrêmes auxquels leurs frères, en particulier, sont trop heureux de se livrer pour « venger l'honneur de la famille ». Ayant conçu ce bébé avec un garçon qui n'est pas apte à les épouser, elles s'enferment dans une sorte de déni de leur grossesse, vont trop tard faire les examens car elles ont honte et ne se sentent pas à l'aise dans les services publics et les hôpitaux. Le diagnostic, établi tardivement, ne permet pas une interruption de grossesse, que de toute façon elles n'oseraient pas forcément entreprendre. Finalement ces jeunes filles seront conduites à se cacher et à abandonner leur enfant. L'immaturité extrême de ces mères, leur dénuement, leur isolement, leur inculture, le manque de soutien psychologique dont elles souffrent sont la cause de leur abandon d'enfant. Mais on a assez démontré aujourd'hui combien cette épreuve laissera de traces pour ne pas leur jeter l'opprobre. Souvent, lorsqu'un adulte me dit avoir été ainsi abandonné par sa mère, je lui demande d'essayer de comprendre quelle détresse a pu conduire la jeune femme à cette solution, au lieu de s'enfermer dans l'idée que sa mère était probablement une prostituée et en tout cas indigne.

L'enfant né sous X est très conscient de l'importance de sa mère. En témoigne l'acharnement avec lequel, à l'adolescence, il va partir en quête de ses origines. Le droit d'une mère d'accoucher « sous X » est d'ailleurs largement débattu aujourd'hui. Il est probable qu'un consensus va s'établir en France sur l'idée suivante : la mère laisserait une trace confidentielle pour que l'on puisse organiser une rencontre ultérieure à la demande de l'enfant, à la condition qu'elle en soit d'accord, ainsi que les parents adoptants si l'enfant est mineur. C'est un pas vers la reconnaissance de l'importance à connaître ses origines.

Mais comme nous le constations, c'est la recherche de l'identité de la mère qui prime. Celle du père ne devient une préoccupation que lorsque la mère est clairement connue, et bien souvent, l'enfant se contentera de cette découverte : « Je connais ma mère, alors je veux savoir qui est mon père. Mais si je ne suis enfant de personne, je veux d'abord savoir qui est ma mère. » D'eux-mêmes, ces mots et ces faits viennent souligner l'importance prééminente de la mère pour son enfant.

Les « non-mères » : l'absence de désir d'enfant

Le comble de la mère coupable, celle qui apporte un argument prétendument décisif au discours actuel décrivant la mère comme défaillante, est celle qui... n'a pas d'enfant !

Lorsqu'une femme vous affirme qu'elle ne veut pas avoir d'enfant et qu'elle est très heureuse ainsi, on la regarde de travers, elle ne correspond pas aux normes. On la considère comme une femme froide parce qu'elle ne possède pas ce que toute femme doit ressentir : le désir de procréer. Combien de femmes de quarante ans m'ont raconté subir une telle réprobation. J'ai rencontré récemment une femme de cinquante ans qui me disait tranquillement : « À voir ce que subissent mes amies, avec leurs grands enfants, je suis enchantée de ne pas en avoir eu. Si j'ai vécu quelques instants de regrets autour de la quarantaine, aujourd'hui, je suis soulagée ! » Ces propos illustrent les causes du non-désir d'enfant. Comment en effet une femme peut-elle ne pas être inhibée dans son désir par la mentalité actuelle :

— si vous êtes mère, on vous attendra à chaque tournant de l'éducation de votre enfant pour vous juger coupable et défaillante ;

— et bien souvent déjà, à la suite de lectures ayant amalgamé Beauvoir, Freud et Badinter, vous avez reproché les pires fautes à votre propre mère... et craignez de reproduire ses erreurs. La stérilité, consciente ou inconsciente, relève de la rupture entre deux générations de femmes, provoquée par le jugement et la culpabilisation maternelle à outrance.

Ainsi le poids psychologique que l'on fait peser sur les mères peut conduire au non-désir d'enfant. J'en vois pour preuve le faible taux de natalité, en dépit des nombreuses mesures sociales en faveur de l'enfance et de la mère qui travaille.

Non seulement il est de bon ton d'accuser les femmes d'aujourd'hui de vouloir un bébé pour elles ou de ne pas en vouloir par pur égoïsme, mais les voix les plus reconnues leur prêtent un désir de mort de leur enfant, transmis par leur propre mère, qui serait elle-même mortifère : « La grand-mère, même au prix de la mort imminente d'un nouvel enfant, jubile de voir l'histoire se reproduire. C'est parce que cela la dédouanerait enfin de sa conduite tout en assurant que sa fille sera en tout point sa fidèle reproduction. » Autrement dit, le pédiatre Aldo Naouri suppose que la mère de son petit patient a laissé mourir son enfant pour imiter sa propre mère. À noter que pour lui la mère de la mère est d'ailleurs souvent une hypocrite : « Mais il n'en va pas toujours de même et d'autres fois, cela prend une allure moins franche, moins affichée, plus pernicieuse, contre laquelle il est beaucoup plus difficile de se défendre. » Certaines femmes recevraient de leur mère un interdit d'enfant. Et ne pourraient de ce fait ni concevoir, ni mener une grossesse à terme ; bien plus, obéissant à une sorte d'imprécation maternelle, elles pourraient provoquer la mort de leur propre enfant et s'en sentir soulagées. Mon expérience de pédiatre me montre qu'il est exceptionnel que les femmes nourrissant ces fantasmes passent à l'acte. Ce genre de situation peut exister dans une vie fantasmatique, c'est indéniable. Toute femme ressent des angoisses au moment de choisir le futur père de son enfant, au moment où elle apprend qu'elle attend un enfant, au cours de sa grossesse, à la naissance. Elle se réfère fréquemment à sa propre mère, soit pour l'imiter, soit pour en prendre le contre-pied. Ainsi se construit la vie imaginaire d'une mère. Mais de là à penser que le poids des injonctions grand-maternelles parvient à empêcher la procréation ou à tuer dans l'œuf le nouveau bébé, il y a un pas que je ne franchis pas car il consiste à prêter aux aïeules un pouvoir machiavélique. Pour utiliser une parabole écologique, cela reviendrait à croire que, nous tous, habitants de cette planète, pourrions décider de la souiller et de ne plus la vouloir pour mère, sous prétexte qu'elle ne nous est pas toujours bénéfique, qu'elle déclenche parfois des cyclones et des tempêtes dévastatrices. Nous serions alors des habitants de rien. Gardons-nous de banaliser des situations extrêmes, des cas psychiatriques, pathologiques et rares.

Stériles psychologiquement

À trop donner aux adolescentes et aux jeunes adultes la possibilité d'exprimer et de prendre pour réels leurs fantasmes agressifs contre leur mère, on en vient à augmenter considérablement le nombre de stérilités psychologiques. En effet, le positionnement d'une jeune femme vis-à-vis de sa mère peut influencer et déterminer son désir d'enfant. Si pour avoir honni sa propre mère elle refuse de prendre le risque de lui être comparée ; si l'image maternelle fixée dans l'inconscient lors de séances de psychothérapie mal conduites est celle d'une mère dévoreuse, castratrice ou inatteignable, sans que cette représentation soit réparée comme devrait le faire une psychanalyse aboutie, l'impossibilité de concevoir un bébé peut s'installer. Ainsi constate-t-on de plus en plus d'inhibitions de l'ovulation dues à la peur d'avoir des enfants. Née des difficultés vécues non seulement par nos amies mais aussi par nos mères, cette peur peut aussi résulter des jugements à l'emporte-pièce auxquels nous avons adhéré ou que nous avons émis à l'adolescence. C'est là un autre aspect des dégâts provoqués par la culpabilisation systématique des mères ; elle justifie toutes les révoltes de l'adolescence et, le plus souvent, ce n'est que lorsque les adolescents deviennent parents eux-mêmes, c'est-à-dire bien tard, qu'ils prennent conscience de toute la tendresse et de toute la sollicitude dont ils ont été l'objet. J'en connais qui ne s'en rendent compte qu'après de longues années de conflit, parfois même à la disparition de leur mère, et qui sont alors la proie d'une nostalgie insoluble. Ainsi s'allongent les listes d'attente chez les gynécologues pour traitements de stérilité et fécondations in vitro. Or on sait le lourd parcours et les souffrances psychologiques qui en découlent, en particulier en cas d'échec. On connaît aussi les ovulations et les grossesses survenues après adoption. Tout le chemin de l'aptitude à être mère passe par ces sortes d'examens de passage que sont les bilans à la DASS, par la reconnaissance de la capacité à prendre un autre enfant dans ses bras, qui libèrent certaines jeunes femmes de leur anxiété à devenir mère.

Je ne prétends pas qu'il faille idolâtrer la mère afin d'éviter de rendre les jeunes femmes stériles. Une mère vénérée peut apparaître trop imposante et son poids, sa présence, inévacuables dans l'imaginaire de la descendance féminine, peuvent entraîner un blocage de l'ovulation. Le chemin vers lequel on doit conduire les jeunes femmes doit se situer dans le juste milieu : ni critique systématique de la mère, ni idolâtrie. Il est naturel qu'une jeune fille qui se transforme en femme connaisse une crise de langage libéré, une période de rejet de sa mère. Mais ensuite, pour devenir vraiment adulte, elle doit accepter sa mère telle qu'elle est, ne pas l'idolâtrer mais en connaître les fragilités, ne pas la détester mais tolérer ses imperfections.

J'ai connu une jeune femme métisse vietnamienne qui ne parvenait pas à avoir d'enfants, malgré des tentatives thérapeutiques répétées. Jusqu'au jour où elle en vint à me parler de son adoption. Je lui fis remarquer qu'elle avait des traits asiatiques. Elle eut un sourire amusé et me dit qu'aucun médecin n'avait osé évoquer son physique. Elle avait été adoptée tout bébé, et savait que sa mère biologique était vietnamienne puisque son visage et sa morphologie en témoignaient. Elle était d'ailleurs très jolie. Mais elle était née en France, d'un père européen inconnu. Je lui demandai si elle connaissait le Vietnam. La question lui parut tout à fait incongrue. Je lui demandai si elle savait pourquoi on pouvait se retrouver, comme sa mère, exilée en France, et elle me dit savoir peu de chose de l'histoire du Vietnam. Connaissant moi-même ce pays pour y avoir longuement vécu, je lui expliquai les souffrances de son peuple, et les différentes raisons qui avaient pu amener une jeune femme à fuir ce magnifique pays. Je l'encourageai à se pencher sur l'histoire de sa mère, à se renseigner auprès de la DASS sur l'âge de la jeune femme à sa naissance. Elle put alors imaginer l'exode au moment de la guerre d'Indochine. Au fur et à mesure que nous fîmes cette petite enquête, et que nous retraçâmes le parcours de sa mère, ma patiente tomba enceinte. Tant que ses origines étaient niées, elle n'avait pu procréer ; dès lors qu'elles furent reconnues dans leur dignité, elle s'autorisa à avoir un enfant.

Elles ne veulent plus enfanter dans la douleur !

Le droit d'accoucher sans douleur représenta pour les femmes un progrès aussi important que le droit de vote accordé par le général de Gaulle ou le droit à la contraception, merci à Lucien Neuwirth, ou encore le droit à l'IVG, merci Mme Veil. C'est cette dernière aussi qui généralisa le droit à la péridurale en accordant son remboursement par la Sécurité sociale.

Mais ce progrès rencontra aussitôt des résistances : les femmes étaient coupables de recourir à la péridurale. Le grand réalisateur Bernard Martineau consacra un volet entier de sa merveilleuse émission « Le bébé est une personne » à un reportage tendancieux sur cette pratique. Cette séquence laissait entendre que les médecins d'un grand centre hospitalier parisien, la maternité de la Pitié-Salpêtrière, poussaient les femmes à accoucher sous péridurale pour leur propre confort de médecin.

C'était ignorer qu'à l'époque, assurer la présence d'un anesthésiste tout au long d'un accouchement demandait une organisation drastique. S'engager à la possibilité d'une péridurale est en effet beaucoup plus complexe pour un gynécologue que d'arriver pendant la dernière phase de l'accouchement, juste au moment où la sage-femme l'appelle pour favoriser l'expulsion. Un réel investissement de l'équipe médicale est nécessaire afin que le péridouraliste puisse intervenir au bon moment et répondre ainsi à l'attente de la future mère. Le seul confort que cherche le gynécologue est donc celui de pouvoir accoucher une femme sans la voir souffrir de douleurs insupportables. Ne doit-on pas dans ce cas parler de compassion ? Or un courant s'est développé, soutenu, bien sûr, par des hommes, pour prôner l'accouchement sans péridurale, suggérant que c'est seulement dans la douleur ressentie et consciente que la femme peut s'attacher à son enfant et donc être une bonne mère.

J'ai exercé la pédiatrie en maternité quinze années avant la péridurale et quinze années après, et je peux témoigner que ce n'est pas en étant submergée par la douleur que la mère a le meilleur contact immédiat avec son enfant. Sans compter le bouleversement du père, la culpabilité qu'il ressent à voir souffrir sa compagne et à ne pouvoir lui apporter qu'un bien faible soulagement. Lorsque l'accouchement est pratiqué sous péridurale la mère reste consciente, elle peut découvrir son nouveau-né sans être ensevelie sous la douleur, elle peut également avoir un véritable échange avec le père et les premiers gestes essentiels à sa relation avec son enfant sont beaucoup plus faciles.

On me répondra qu'autrefois les femmes accouchaient dans la douleur et s'attachaient tout autant à leur enfant. Soit, retournons à l'« état de nature » : la femme qui n'utilise pas de moyen de contraception a de nombreuses grossesses ; au fur et à mesure des naissances, l'accouchement devient plus facile et moins douloureux. Elle accouche « naturellement », c'est-à-dire en position assise, ce qui lui fait éminemment moins mal au dos que si elle était couchée. Cette dernière position s'est imposée quand les médecins se sont assis devant le périnée pour contrôler la sortie du bébé. Mais ils se devaient alors de soulager la douleur ainsi provoquée. J'ai très rarement rencontré une femme qui, ayant donné naissance sans, puis avec péridurale, ait voulu revenir à la première méthode ! Bien sûr, une future mère doit pouvoir choisir les conditions de son accouchement ; et d'autre part, il est vrai que, selon les naissances, les douleurs sont plus ou moins supportables, plus ou moins intenses. L'idéal est la péridurale à la carte avec une dose d'analgésique réglée par la femme selon ce qu'elle peut supporter, et le soutien du mari. Mais persuader les femmes qu'elles sont peu maternelles avant même qu'elles accouchent, simplement parce qu'elles ne veulent pas se sacrifier sur l'autel de la douleur, me paraît une erreur. Et c'est nier totalement le travail des psychanalystes en maternité qui montre au contraire combien un accouchement difficile et douloureux peut abîmer une mère et retentir sur sa relation avec son enfant. Dolto disait qu'elle retrouvait chez les adolescents les stigmates de telles naissances. Quant au bébé, je dois dire, après avoir vécu tant de milliers de naissances, combien la péridurale facilite sa descente et son expulsion : la mère n'est pas inhibée par la douleur dans ses efforts, et les nouveau-nés sont moins gémissants, tant il est vrai que le bien-être de l'enfant va avec celui de la mère.

Elles dépriment avec un si beau bébé

« Il faudrait que vous alliez à la chambre 11, la mère pleure et n'arrive pas à mettre son bébé au sein. » Combien de fois ai-je entendu cette demande des puéricultrices désemparées devant certaines mères qui pleurent alors qu'elles ont un bébé magnifique, ces jeunes accouchées qui n'ont pas envie de participer à la toilette, qui demandent qu'on leur reprenne leur enfant, qui n'ont pas envie de le mettre au sein. Le baby-blues est aujourd'hui bien connu, il affecte quatre-vingts pour cent des mères en maternité. On a pu déculpabiliser les mères en l'attribuant au déluge hormonal après l'accouchement. Or c'est là une explication organique un peu courte. Ne faudrait-il pas aussi songer à l'effort de création soutenu demandé à la femme pendant sa grossesse et au moment de la naissance ? Les artistes aussi connaissent le baby-blues une fois leur œuvre achevée... Imaginons l'émotion que peut ressentir une femme d'avoir donné la vie, d'être devenue mère et d'avoir ainsi reçu la responsabilité d'un être qui lui semble si vulnérable, joie débordante et bouleversante qui peut la transformer en une fontaine de larmes.

Il ne faut pas confondre cette émotion avec une véritable dépression. Car l'on est aussi extrêmement attentif au fait qu'une fois revenue chez elle, isolée, une femme sur dix fait une dépression. On est juste en train de comprendre que la culpabilisation ambiante des mères que je dénonce ne peut qu'augmenter le taux des dépressions : lorsqu'à l'adolescence vous avez critiqué durement votre mère, lorsque vous avez critiqué vos amies, lorsque vous les avez vues écartelées entre leur vie professionnelle et leur vie familiale, lorsque l'image valorisée est celle d'une femme battante et filiforme, hyperactive et virginale, vous ne pouvez être que désemparée devant votre corps qui met du temps à retrouver son ancienne apparence ; devant le bébé vagissant que vous pensez ne jamais pouvoir apaiser ; devant le désir sexuel qui tarde à renaître ; devant le père embarrassé qui doute de sa nouvelle place. Sont alors réveillées toutes les périodes difficiles de votre enfance, de votre relation à votre mère. Et si vous ajoutez à ce tableau que la jeune femme reste enfermée chez elle, coupée de ses relations car ses amis travaillent, coupée de sa propre mère discréditée par le discours ambiant, vous commencez à prendre la mesure de sa solitude, une solitude encore plus grande si elle allaite. Ainsi la verrons-nous assaillir le pédiatre de mille et une questions sur les pleurs incessants de son bébé. Il a des coliques, il a des gaz, il est constipé : rien ne va.

Tous ces éléments montrent que la jeune mère n'est pas pathogène, comme je le lis trop souvent, mais simplement désemparée et seule. Les pleurs d'une mère apparemment comblée par un beau bébé et par un mari prévenant, bien qu'occupé, n'ont donc rien du caprice d'une femme futile qui manquerait de sens maternel.

Les mères fusionnelles

Vous êtes trop fusionnelle ! Voilà certainement l'accusation la plus courante adressée à toute mère aimante aujourd'hui. Je suis scandalisée qu'aucune mère normale ne puisse être elle-même sans qu'on l'accuse d'être fusionnelle :

— Vous voulez garder votre bébé avec vous la nuit dans une maternité où il est de tradition de « stocker les nouveau-nés dans le parking à bébés » (expression d'un papa) ? On vous accusera d'être « trop fusionnelle ».

— Vous allaitez bébé à la demande et vous vous endormez avec lui contre votre sein ? Les pédiatres vous préviendront que vous êtes une mère « terriblement fusionnelle ».

— Vous pleurez en déposant votre bébé de trois mois à la crèche ? On vous dira qu'il va falloir « faire attention à ne pas être trop fusionnelle ».

— Vous n'avez pas envie de laisser votre enfant de quinze mois à la halte-garderie, car vous vous sentez heureuse en sa compagnie ? Vous êtes coupable de ne pas favoriser son autonomie.

— Dans la rue vous portez votre petite fille de douze mois, car elle préfère se trouver à la hauteur de votre visage et de vos paroles plutôt que respirer les pots d'échappement ? On vous dira qu'il faut commencer à la laisser marcher, et que vous la couvez trop.

— Vous avez un serrement de cœur en déposant votre enfant à la maternelle car on vient de vous claquer la porte au nez et de vous interdire d'entrer dans sa classe, le temps d'une période raisonnable d'adaptation ? On vous dira que vous êtes une mère surprotectrice.

Ces situations sont innombrables au cours de votre vie de mère. Il n'y a que les femmes africaines portant leurs enfants à dos tout au long de leur journée de travail qui, apparemment, ne sont pas fusionnelles ! Ce qui est accepté au-delà de la Méditerranée est fortement critiqué dès lors que vous êtes européenne et... civilisée. Mais le bébé nous ramène, justement, à l'état de nature ! D'où vient cette nouvelle mode prétendant qu'il faille se séparer de son bébé pour le rendre autonome ? Plusieurs courants scientifiques et idéologiques expliquent cette évolution des préceptes éducatifs :

— Il y eut d'abord la phobie des microbes consécutive aux découvertes de Pasteur. Mais on a confondu les microbes à haute dose comme, par exemple, le terrible virus VRS qui se propage dans les crèches ou autres collectivités de bébés, avec les microbes de la peau maternelle naturellement dispersés et simplement immunisants.

— Puis, point de vue inspiré de la psychanalyse, la mère s'est vue accusée de trouver un bénéfice érotique au corps à corps avec l'enfant. Là encore, on a confondu la promiscuité incestueuse d'un parent seul en mal d'amour avec un enfant de plus de quatre ans et le peau à peau naturel et nécessaire entre un bébé de quelques mois ou quelques semaines et sa mère.

Bien sûr, il existe des mères pathologiques qui entrent en rivalité avec le père ou les grands-parents pour obtenir l'exclusivité de l'amour de leur petit ; des mères qui continuent, à l'âge où l'enfant serait capable de se débrouiller seul, à vouloir le torcher, le nourrir et l'habiller. Mais ces mères abusives sont exceptionnelles. De la même façon que les pères peloteurs qui sont restés dans une relation très œdipienne à leurs mères et dont les pulsions archaïques refoulées se réveillent au contact de leur enfant. Cependant comme le précisait Françoise Dolto, ces parents exercent un pouvoir manipulateur à bénéfice narcissique sur leur enfant de trois ans : elle ne parlait pas de bébés plus jeunes. Parce qu'on a mal lu les psychanalystes fondateurs, on a qualifié de fusionnels des comportements maternels tout à fait normaux.

Mères indignes, mères castratrices, mères égoïstes, mères toutes-puissantes, mères fusionnelles... Faut-il que le désir et l'instinct restent forts pour que nous continuions de faire des enfants et ayons envie de les élever !

III

L'instinct maternel existe, je le rencontre tous les jours

« L'instinct, nous dit le dictionnaire Larousse, est la part héréditaire et innée des tendances comportementales de l'homme et des animaux, la tendance, l'impulsion, souvent irraisonnée, qui détermine l'homme dans ses actes, son comportement. » Se nourrir est un instinct, c'est un comportement inné : nous nous nourrissons sans avoir besoin de réfléchir à la nécessité ou à l'utilité de ce geste car notre survie en dépend.

De la même façon, les mères agissent en faveur de leur enfant, le protègent spontanément, sans avoir à se demander si elles doivent le faire. L'instinct maternel est un élan qui pousse à agir pour le bébé sans y réfléchir. Il s'agit d'une préoccupation que toutes les femmes ont en elles, qui fait partie de l'essence même de la femme. Devenir mère, c'est changer de génération du jour au lendemain, c'est s'engager dans le futur en donnant la vie. Les plus récents travaux des biologistes et des spécialistes en neurosciences prouvent l'existence de l'instinct maternel, même si la difficulté de revenir sur la théorie d'Élisabeth Badinter conduit, nous le verrons, à utiliser de nouveaux mots : « attachement », « accordage », « interaction ».

Si les mères se montrent parfois défaillantes, c'est

qu'elles sont fragilisées par des circonstances particulières, comme nous venons de le voir. Ces cas particuliers ne nous permettent donc pas de nier l'instinct maternel, c'est-à-dire le caractère instinctif, non réfléchi, de l'amour d'une mère pour son enfant.

Petite fille et déjà mère en puissance

Dès sa plus tendre enfance, la femme se perçoit comme dévolue à la maternité. Alors que le petit garçon est avant tout préoccupé par son pénis, jouant avec, l'arborant fièrement, la petite fille, elle, se vit en creux. Elle est réceptive par son sexe. C'est ce que Françoise Dolto appelle son « phallisme féminin », affirmant que « la femme doit l'assumer pour assumer sa maternité, sans quoi il n'y aurait pas d'être humain sur terre ». La perception du sexe féminin chez de jeunes enfants est confuse : lorsqu'une fille ou un garçon vous demande « pourquoi la petite fille n'a pas de zizi ? », l'explication la plus convaincante consiste à dire qu'à l'intérieur, elle a une « poche à bébé » pour faire des enfants. Jusqu'à l'âge de quatre ans, le garçon prête un grand pouvoir au corps de la femme, puisqu'il pense que sa maman a fait son bébé toute seule, en l'avalant, qu'elle l'alimente par la bouche. De son côté, dans ses premières années, la petite fille s'identifie à sa mère enceinte et vous dira sans sourciller qu'elle a aussi un bébé dans le ventre, soutenant même qu'il bouge. Lorsque la mère accouche, elle ne cherche pas son propre bébé : elle s'était identifiée à sa mère, elle est donc enceinte du même bébé. Ainsi la petite fille se prépare-t-elle, dès sa toute tendre enfance, à la maternité. Ses premiers jeux de poupée consistent à nourrir, bercer, vêtir, gronder, comme une petite mère. Elle se projette déjà dans sa future procréation.

Tout cela semble procéder d'une mémoire archaïque grâce à laquelle nous, êtres humains, savons comment se passe la fécondation. J'ai connu une petite Virginie de neuf ans qui, alors que je recevais sa mère enceinte d'un nouvel enfant, me dessina la fécondation, le spermatozoïde pénétrant dans le gros ovule, avec une précision digne des livres de biologie. Pourtant elle ne l'avait jamais ni vu, ni appris, sa maman n'étant pas de celles qui consultent les ouvrages traitant de maternité.

À cette mémoire archaïque s'ajoute l'empreinte apportée par la mère : la petite fille a une tendance précoce à imiter ses gestes, ses façons de faire, ses intonations lorsqu'elle lui parle ou parle au nourrisson. Dans le même temps, le petit garçon se montre, lui, plus préoccupé de poursuivre quelques ennemis fantasmés avec un revolver, symbole de sa virilité. Il apparaît donc que le poids sur nos comportements d'une mémoire archaïque et d'une empreinte par identification est à réhabiliter, par rapport à l'influence si souvent dénoncée d'un modèle culturel imposé.

De la rencontre entre le fœtus et sa mère naît la vie psychique

Déclarer que vous vous transformez pendant votre grossesse est un euphémisme. Votre corps change mais aussi vos sentiments. Votre entourage a l'impression que vos intérêts se restreignent et que vous êtes exclusivement préoccupée par votre maternité future. Mais il serait plus juste de dire que vos intérêts se tournent de l'extérieur vers l'intérieur. « La femme enceinte en vient lentement mais sûrement à penser que le centre du monde se trouve dans son propre corps », écrit Winnicott.

L'une de mes jeunes patientes se rendait régulièrement dans une grande maternité parisienne pour ses échographies. Au bout du huitième mois, quatre jours après la troisième échographie, elle panique, elle a le sentiment que son bébé ne va pas bien. Elle file à l'hôpital, mais les médecins sont formels : aucun symptôme n'apparaît, et la dernière échographie était parfaite. La future mère insiste et demande à refaire l'examen. Malgré l'affluence, la sage-femme sympathise et obtient de l'échographiste un contrôle. Et là, on s'aperçoit que le fœtus est en occlusion intestinale ! Sa mère, à l'instinct, lui a sauvé la vie !

Pendant sa grossesse, la femme vit en osmose avec son futur enfant et le fœtus est lui-même au contact constant de ses émois. Il les sent grâce aux variations circulatoires et neurophysiologiques transmises par l'afflux sanguin dans le cordon. Des chercheurs ont montré que, dès le cinquième mois de gestation, le fœtus est sensible aux bruits : ceux qui lui parviennent de l'intérieur du corps maternel – bruits cardio-vasculaires, borborygmes digestifs –, et ceux qui lui parviennent de l'extérieur, conversations, chants, musique, et surtout ce bruit complexe transmis par les vibrations du corps que constitue la voix de la mère. Une fois né, le bébé se souviendra des sons qu'il a perçus dans le ventre de sa mère au cours du troisième trimestre de sa grossesse. Une expérience a montré que le générique du feuilleton préféré des femmes enceintes calmait les pleurs de leur bébé comme il avait apporté bien-être et détente à leur mère. On a mené des expériences similaires avec des comptines. On a fait entendre au fœtus un enregistrement de deux comptines, la première ayant été chantée par la mère pendant un mois, la deuxième jamais. Résultat : la comptine maternelle qui a fait partie de la vie quotidienne du bébé provoque un changement de rythme cardiaque qui ne se produit pas à l'écoute de la comptine inconnue. On a pu rendre cette étude encore plus fine en faisant écouter au fœtus la comptine chantée par la mère, mais à l'envers : aucune réaction émotionnelle ne se produit. Le fœtus reconnaît donc parfaitement non seulement la voix de sa mère, mais sa mélodie.

Le rythme cardiaque du fœtus se modifie aussi beaucoup selon les émotions maternelles ; mon ami cardiologue, le docteur Fermont, le constate fréquemment au cours des échomorphologies pratiquées au quatrième mois pour vérifier si le fœtus n'est pas atteint de malformations cardiaques graves. C'est un examen qu'on conseille aux femmes qui ont déjà mis au monde un enfant souffrant de ce handicap. Il demande vingt minutes de concentration de la part du spécialiste, pendant lesquelles la future mère est suspendue à ses lèvres. Enfin, ayant vérifié, minuscules cavités par minuscules cavités, que le cœur du fœtus est bien formé, le médecin conclut : « Le cœur est normal. » La mère pousse un profond soupir de soulagement, et l'émotion fait jaillir des larmes de ses yeux. Or le rythme cardiaque du fœtus s'accélère alors de façon tout à fait visible et mesurable ! Ces interactions passionnantes entre le fœtus et la mère font l'objet d'études de plus en plus fines, grâce aux nouvelles techniques d'imagerie médicale, et le docteur Rodolphe Gombergh, véritable visionnaire en ce domaine, se passionne pour ce qu'il appelle l'« échographie comportementale ».

Les interactions entre la future mère et le fœtus laisseront une empreinte sur le nouveau-né. Celui-ci ne viendra pas au jour vierge de toute émotion, et sa mère ne sera pas pour lui une terre inconnue. En effet les stimulations auditives ne sont pas les seules perceptibles par le fœtus. Celui-ci ingère votre liquide amniotique, sent le goût de vos repas et déglutit de façon plus rapide lorsque vous aimez votre aliment, se régalant avec vous. Ainsi votre bébé en vient-il à connaître beaucoup de choses de vous avant même sa naissance. Non seulement il a partagé vos repas, mais il a senti votre sang circuler plus rapidement lorsque vous avez couru pour attraper un autobus ou lorsque vous avez eu peur. Instruites de ce fait, les jeunes mères d'aujourd'hui s'inquiètent souvent de savoir si leur stress, leurs disputes conjugales, peuvent avoir un effet négatif sur le fœtus. Je dois les rassurer : bien sûr, in utero, la vie n'est pas « un long fleuve tranquille » ; bébé perçoit vos émotions, mais il apprend ainsi que la vie est faite de moments heureux, mais aussi de poussées de colère ou de contrariétés. Le seul état émotionnel vraiment néfaste au fœtus, comme au nouveau-né, nous le verrons, est l'état dépressif. Si vous êtes triste, repliée sur vous-même, si vous n'exprimez pas vos émotions, si vous ne communiquez pas avec votre entourage parce que celui-ci se montre trop froid, le fœtus manque d'afflux émotionnels. Il est privé des images mentales, des stimulations venues de l'enveloppe que vous constituez dans la construction de sa vie. C'est pourquoi il vaut mieux être en colère ou en pleurs qu'en dépression silencieuse.

Promené, tourné et retourné, balancé par votre marche, par vos mouvements dans votre lit, le fœtus est préparé à être bercé dans vos bras, porté en poche kangourou. En revanche, ne vous étonnez pas si, une fois né, placé dans un berceau qui ne berce pas, il pleure. Dans votre ventre, le futur bébé est averti de ce qui l'attend à l'extérieur. Il sait s'il a une maman hyperactive, toujours en mouvement, passant rapidement d'une émotion à l'autre, ou au contraire si elle est plutôt calme et lui fera vivre une stabilité émotionnelle dans un univers tranquille. On peut dire qu'avant même d'avoir poussé son premier cri et que vous le regardiez et le preniez dans vos bras, avant même qu'il vous voie, il vous connaît mieux que vous ne le connaissez. Il y a ainsi, comme disait Françoise Dolto, « un métabolisme du psychique qui commence dès la vie fœtale ». Cette certitude emplit la femme enceinte sans même qu'on lui ait expliqué ce phénomène. Percevant de façon subliminale l'extraordinaire échange de flux non seulement biologiques mais psychiques entre elles et leur futur bébé, soixante et onze pour cent des femmes se disent pleinement épanouies, dans leur corps mais aussi dans leur tête, pendant leur première grossesse.

« Et le futur père dans tout cela ? » me direz-vous. Son importance est fondamentale à deux titres. D'abord parce qu'il est une sorte d'« enveloppe de l'enveloppe » : par le soutien, la compréhension, la protection, l'admiration qu'il offre à sa femme tandis qu'elle se transforme pour fonder sa future famille, il lui apporte optimisme et sérénité, il donne sens à sa vie et à sa grossesse, jouant un rôle d'antidépresseur extrêmement efficace. Deuxièmement, il peut lui aussi commencer à s'imprégner de la présence de son enfant. En assistant aux séances d'échographie, aux préparations à la naissance, en participant à la rencontre gestuelle avec le fœtus grâce à l'haptonomie, pratique d'apprentissage du toucher à travers la paroi maternelle, il peut prendre conscience plus précocement de sa paternité en devenir. J'aurai l'occasion de développer largement le rôle du père dans un chapitre ultérieur.

Les premiers signes de l'instinct maternel

Les mères ont toujours cru à l'existence de l'instinct maternel. Certes, comme je l'ai montré plus haut, la théorie d'Élisabeth Badinter a rencontré un écho puissant dans notre société occidentale où le féminisme se cherchait. Mais en dépit des discours, lorsqu'une femme met un enfant au monde, elle change brusquement de génération ; en devenant mère, elle ressent un bouleversement en elle, elle est submergée par un véritable orage hormonal et affectif qui ne peut être contrôlé. Elle devient instinctive. Cet instinct la pousse vers son bébé, qu'elle a envie de garder contre elle, dans une attitude enveloppante. Certaines mères, à cause d'une histoire personnelle complexe, éprouveront au contraire un sentiment d'étrangeté et même de rejet à l'égard de leur enfant. Mais de telles réactions ne contredisent en rien la notion d'instinct maternel. Elles proviennent du même bouleversement qui rend le comportement de la mère totalement irrationnel. L'instinct maternel peut pousser à adopter immédiatement son enfant comme, chose plus rare, à le rejeter violemment. Dans ces deux situations, la mère doit être aidée ; jamais jugée ni culpabilisée.

Spontanément la mère adopte un langage pour lequel le bébé est programmé génétiquement et qu'on appelle aux États-Unis le *baby talk*. Elle n'a pas besoin de leçons pour apprendre à communiquer avec son enfant. Elle le fait instinctivement. Penchée sur le berceau de son nouveau-né, elle gazouille, sous notre regard amusé. À la maternité, on vérifie qu'une jeune maman est capable de reconnaître le cri de son bébé parmi ceux des autres. C'est instinctif. On a aussi mesuré la température du sein maternel : si un bébé pleure de faim, celle-ci augmente. Le sein se met automatiquement en action pour préparer le lait. Aujourd'hui l'instinct maternel n'est plus à la mode ; avec la parité, les femmes ont voulu s'en libérer. Il est « bestial », selon les féministes convaincues. Aussi parle-t-on maintenant de « naissance de l'attachement » ou d'« interaction mère-bébé » ou encore d'« accordage », pour signifier que la mère accorde ses réactions aux besoins du bébé.

Quel que soit le terme employé, tous ceux qui côtoient la jeune mère contrarient plus ou moins consciemment l'instinct maternel : « Tu le prends trop dans tes bras ! » « Ne lui donne pas la tétée aussi souvent ! » Pourquoi votre « meilleure amie », votre belle-mère, votre mère, mais aussi, malheureusement, bien des membres du personnel médical et paramédical, empreints de cette idéologie psy mal digérée que je dénonce tant, se laissent-ils aller à ces remarques perfides ? Parce que la jeune mère est dans une telle fusion avec son bébé, l'immergeant dans cette sorte de bulle d'instinct maternel, que les proches comme les professionnels se sentent douloureusement exclus et ont tendance – inconsciemment – à critiquer son comportement. Si, au contraire, les échanges physiologiques entre la future mère et son fœtus, de même que la vie fantasmatique de la mère depuis son enfance, la prédisposent à se porter vers son bébé pendant la grossesse et à la naissance, ces manifestations devraient pouvoir trouver un appui dans les sourires et les paroles d'approbation de la famille ainsi que dans le discours des professionnels.

Les hormones de l'instinct maternel

Le temps pendant lequel vous êtes préoccupée par votre futur enfant et rêvez à lui augmente depuis le moment où vous apprenez la conception jusqu'à environ deux semaines après sa naissance. Cet état envahissant de préoccupation reste extrêmement important pendant trois mois, puis décroît très lentement. Linda Mayes, une pédiatre de l'université américaine Yale, a demandé à de jeunes parents de noter dans un calepin les moments pendant lesquels ils pensaient à leur bébé. Elle a ainsi pu constater qu'au cours de la période néonatale, celle qui recouvre les trois premiers mois de la vie du bébé, les mères pensent à lui toutes les trois minutes ; les pères, eux, sont beaucoup moins préoccupés, ils pensent à leur enfant en moyenne tous les trois quarts d'heure. Outre leur fréquence, les pensées maternelles à l'adresse de l'enfant sont toutes involontaires, envahissantes, voire insupportables dans leur insistance ; elles consistent en un mélange d'images optimistes portant à des actions bénéfiques pour leur enfant et leur nouvelle famille, et de tourments animés par la crainte de ne pas être un bon parent ainsi que l'inquiétude à propos de la santé du bébé. Les mères s'inquiètent en permanence sur la façon de le coucher, sur leur compétence à le nourrir et à répondre à ses pleurs. Leur sommeil, qui était déjà devenu plus léger pendant la grossesse, est entrecoupé de réveils fréquents et de rêves très riches. Il restera léger pendant toutes les premières années de l'enfant pour redevenir plus profond et moins habité ensuite. Mais il ne redeviendra jamais semblable au sommeil de la jeune fille.

Cette préoccupation lancinante de la nouvelle mère pour son bébé peut ressembler aux troubles obsessionnels compulsifs, et les chercheurs ont noté de nombreuses similitudes entre l'amour parental et cette maladie psychiatrique. En effet, l'inquiétude maternelle est, comme les rituels compulsifs, mue de façon non maîtrisable par la volonté. De la même façon qu'un patient atteint de TOC se lave les mains et se les relave et recommence l'opération un grand nombre de fois sans pouvoir se rassurer sur leur propreté, la mère sort son nouveau-né de son lit, le regarde, puis le recouche, mais revient le voir à plusieurs reprises sans pouvoir contrôler son besoin de vérifier sa respiration. Quand une mère allaite, il n'est pas rare qu'elle se réveille quelques instants avant que son enfant ne l'appelle dans la nuit, ou encore qu'elle ait une montée de lait au moment où son enfant demande à être nourri alors qu'elle a repris le travail et se trouve loin de lui.

On a montré récemment que les circuits neuro-hormonaux mobilisés par la nouvelle mère sont les mêmes que ceux activés dans les rituels obsessionnels compulsifs. L'hormone ocytocine, sécrétée par la petite glande située à la base du cerveau, l'hypophyse, constitue un stimulus vital des comportements d'élevage. Cette hormone n'est présente que chez les mammifères. Elle contrôle une part des comportements de reproduction chez la femme. C'est elle qui provoque les contractions utérines au moment de l'accouchement, permet l'élimination du placenta et l'éjection du lait pendant l'allaitement. Sa sécrétion est arbitrée par le chef d'orchestre des neuro-hormones, la petite zone du cerveau située au-dessus de l'hypophyse, appelée hypothalamus. Celui-ci est le centre de contrôle principal des fonctions vitales de survie. C'est lui également qui détermine la régulation de la température et qui actionne les centres de la faim, provoquant l'absorption instinctive de la nourriture et de l'eau. Ainsi, les neurones provoquant la sécrétion d'ocytocine sont aussi ceux qui agissent sur les centres nerveux commandant l'alimentation, le sommeil et l'éveil, le système des émotions. Ils sont connectés avec le système dit « limbique » qui contrôle les émotions, et avec l'hippocampe, cette petite partie du cerveau régissant la mémoire. « Les récepteurs neuronaux de l'ocytocine subissent des transformations tout au long du développement de l'individu. Leur nombre croît et décroît selon l'activité sexuelle et les comportements sociaux du sujet, mais leur bouleversement le plus significatif intervient en relation avec les comportements maternels. » On peut donc dire de l'ocytocine qu'elle est l'hormone de l'instinct maternel. Même si son action est infiniment plus complexe, son existence prouve qu'il y a bien un moteur poussant la mère à donner les soins adéquats à son enfant dès la naissance. Nous aborderons plus loin les bouleversements connus par le père, bien réels même s'ils sont plus discrets.

Les chercheurs ont également découvert un gène de l'instinct maternel qui régule l'activité de l'hypothalamus quand elle concerne les comportements d'élevage. Des expériences ont été menées avec des souris chez qui on avait désactivé ce gène. Les femelles, auparavant tout à fait maternantes, sont devenues absolument indifférentes à leurs petits et les ont ignorés jusqu'à les laisser mourir.

Ce système physiologique prédisposant les mères au maternage de leur progéniture peut connaître des déviations. On a observé par exemple que les mères consommatrices de cocaïne montrent un désintérêt total pour leur nouveau-né, plus net que chez les mères alcooliques ou héroïnomanes. On suppose que les récepteurs de l'ocytocine récemment découverts dans la région hypothalamo-hypophysaire sont réquisitionnés par le besoin de cocaïne. Ce n'est là qu'un exemple extrême des déviations qui peuvent survenir lors de dépressions graves après la naissance.

Ainsi préparée par ce déluge neuro-hormonal, la jeune accouchée aura une aptitude particulière à se mettre à la place de son bébé et à savoir ce qu'il ressent. D. W.

Winnicott a remarqué « la manière dont la mère fait apparaître le sein ou le biberon juste au moment où le bébé se prépare à avoir une idée, et le fait disparaître lorsque l'idée s'évanouit dans son esprit ». Faisant cela, la mère initie bien son bébé au monde qui s'offre à lui. Ainsi, dès qu'elle a son bébé dans les bras, la mère se met instinctivement en accordage avec lui. Son corps l'y a préparée pendant la grossesse, le cerveau et les hormones qu'il commande l'y poussent instinctivement. Et cet accordage se fera tout naturellement à condition que mille et une maladresses de l'entourage ne viennent pas fragiliser sa mise en œuvre, en particulier dans les moments si cruciaux qui suivent la naissance.

Les moments si cruciaux qui suivent la naissance

Ce matin-là, j'avais été appelée en urgence auprès d'un bébé qui allait naître prématurément par césarienne, après quelques signes de ralentissement cardiaque anormaux au monitoring fœtal. La présence du pédiatre était donc souhaitable pour lui assurer des fonctions vitales performantes au cas où il naîtrait un peu sonné. Quand j'arrivai, la mère était déjà en salle d'opération et le gynécologue badigeonnait d'iode le ventre tendu du nouveau-né. Le père patientait dans la salle d'attente, tout recroquevillé, rétréci, dévoré d'anxiété. J'eus juste le temps de me déshabiller et de mettre le pyjama chirurgical stérile avant d'entrer au bloc, et ne pus lui adresser qu'un rapide sourire en le rassurant de quelques mots : « Je suis la pédiatre. Dès que votre bébé sera né, je l'emmènerai là-bas et vous pourrez le voir. » Il se redressa avec un léger sourire et je m'engouffrai dans la salle d'opération. Le bébé sortit heureusement tout à fait vigoureux, bien qu'un peu maigrichon, hypotrophe, comme nous disons dans notre jargon. Sa prématurité n'était pas catastrophique et une réanimation véritable ne fut pas nécessaire : quelques gestes suffirent. J'allai montrer au père comme son bébé était rose et tonique et le ramenai bien vite contre sa mère pour qu'elle le vît. Elle l'avait entendu crier, elle était déjà rassurée. L'intervention terminée, elle fut installée, comme c'est toujours le cas, en salle de réveil. Tandis qu'on la transportait sur un brancard roulant assez inconfortable, elle avait les yeux rivés sur l'incubateur dans lequel la sage-femme avait installé le bébé. Le mari était assis sur un tabouret, tenant la main de sa femme. Entretemps j'étais allée voir un autre nouveau-né. Quand je revins près d'eux, le bébé hurlait dans son incubateur. Mon travail auprès d'autres accouchées me poussait à laisser la sage-femme officier. Mais je la savais occupée. Tout en me sermonnant intérieurement sur le retard que je prenais, je ne pus m'empêcher de demander : « Comment allez-vous le nourrir ? – Au sein », me répondit la mère.

Je sortis le bébé vagissant de son incubateur et le posai sur la poitrine nue de sa mère en le recouvrant d'un drap stérile. J'espérais qu'il allait trouver le sein. Il s'apaiserait alors et cela favoriserait la découverte mutuelle entre les parents et le bébé. Mais je prenais un risque, le temps qu'il faudrait y consacrer, mais aussi la déception des parents en un moment aussi crucial que celui du premier contact. En effet tous les bébés ne parviennent pas toujours à téter le sein, surtout lorsqu'ils sont prématurés ; l'énervement les submerge. Je ne pus cependant m'empêcher de faire la tentative. Lorsque le nouveau-né fut peau à peau contre sa mère, il rampa comme un bébé à terme et vigoureux. Je l'aidai à trouver le mamelon, sans le forcer, me jugeant en même temps bien exigeante envers cette pauvre femme si inconfortablement installée dont la cicatrice venait juste d'être recousue. Le bébé happa le sein, et à la grimace sur le visage de sa mère, je sus qu'il avait aspiré puissamment. Certains diraient que je me suis montrée impitoyable d'infliger une douleur supplémentaire à cette jeune femme à peine sortie du bloc opératoire. Mais les larmes de joie et de peine mêlées sur son visage, son sourire béat, la rencontre entre son regard et celui, complètement attendri, de son mari me montrèrent combien il était réparateur pour une mère de sentir à nouveau la fusion avec le bébé qui vient de sortir de son ventre, et combien l'instinct maternel surpassait les souffrances de l'accouchement et des premières aspirations du sein dans l'enthousiasme profond de donner la vie.

Laissons la mère envelopper son nouveau-né dans la niche de ses bras. Préparée à la naissance par son corps et son psychisme, la voilà particulièrement réceptive aux signaux émis par son enfant. Même si le bébé n'est pas encore capable, par des mouvements coordonnés de sa bouche, d'émettre des mots, il envoie des signaux à sa mère, qu'elle seule perçoit. Le drame est que cette compréhension instinctive reconnue depuis les temps les plus reculés dans la plupart des cultures a été niée dans la nôtre. Ce courant de pensée qui prête à la mère une folie contre laquelle il faut lutter entraîne, dès le séjour en maternité, des conduites destructrices de l'instinct maternel. Ce n'est pourtant pas faute d'avoir mis en garde les professionnels. Il y a vingt ans déjà, Françoise Dolto s'insurgeait, ce qui lui valut quelques échanges assez durs avec certains accoucheurs : « L'accouchement et les modalités de la naissance dans notre monde civilisé, la mise en route de cette relation nouvelle du bébé à ses parents s'accompagnent presque toujours dans les maternités de la séparation de corps entre la mère et son compagnon, de l'esseulement brutal de celui-ci à la maison, de la séparation hors de portée de la voix, du regard, du toucher, de la communication entre la mère et son nourrisson pendant plusieurs jours. Quelle détresse subite pour le nouveau-né qui vient d'être séparé du climat sécurisant de la vie fœtale alors qu'il avait baigné dans le rythme du corps de sa mère ! L'homme ne se nourrit pas seulement de pain. Tout ce qu'il reçoit de sa mère, avec ce pain, contribue également à sa nourriture. C'est de sa mère tout entière, c'est de son âme qu'il se nourrit. À l'aube de la vie, la parole "un seul être vous manque et tout est dépeuplé" est tragiquement vraie. »

Et pourtant, rien n'a vraiment évolué depuis le cri d'alarme de la psychanalyste : on minute toujours le temps entre les tétées, les nouveaux pères n'ont généralement pas la possibilité de rester auprès de leur compagne et du nouveau-né. Et si la direction de l'établissement médical autorise un lit pour le père la nuit, on ne l'en informe pas. Rares sont les maternités qui fournissent un livret précisant cette possibilité.

L'interaction entre la mère et le nouveau-né nous émerveille, et nous observons, nous pédiatres de maternité, combien il est important de ne pas séparer l'enfant de sa mère si l'on veut que celle-ci reste apte à percevoir les messages subliminaux que lui adresse son bébé. Car le nouveau-né est un acteur dynamique de l'alchimie mère-enfant. Il peut montrer un regard ouvert et attentif bien avant de sourire de façon volontaire en réponse au sourire de l'adulte. Pour capter ce regard qui survient dans les très nombreuses mais très courtes périodes d'attention, sans fréquence comparable à la nôtre, encore faut-il avoir le nourrisson près de soi, dans sa chambre, et être tranquille avec lui. De la même façon que le bébé peut observer sa mère, il peut aussi mettre fin à toute communication en détournant la tête. Des films ont montré la préférence des nouveau-nés pour leur mère, préférence pour sa voix d'abord, préférence pour son odeur, dès le troisième jour, préférence exprimée par le regard aussi : le nourrisson regarde sa mère plus que les autres personnes qui se trouvent dans la pièce et se détend mieux lorsqu'il est dans ses bras. Le magnifique ballet filmé de la rencontre des regards, de la recherche mutuelle, du doux sourire de la mère répondant au bien-être du bébé, de la caresse sur sa main lorsque sa détente témoigne qu'il est repu et heureux, de la recherche fébrile du sein lorsqu'il est en quête de nourriture, modifie petit à petit la mère et le bébé, l'un se reflétant dans l'autre. Ces échanges extrêmement délicats, et insaisissables à un observateur non averti, sont appelés « concordance affective ».

Pour s'établir, cette concordance a besoin de longs moments de calme et de tête-à-tête, la mère sachant d'ailleurs, sans qu'on le lui dise, qu'à cette période rien ne doit s'immiscer dans la continuité de sa relation avec son bébé. On imagine combien peut paraître déchirante à la mère l'arrivée impromptue d'une auxiliaire de puériculture décidée à donner un bain au nourrisson alors que celui-ci vit un moment de détente béate et somnolente après une tétée. Si la mère a le malheur de s'opposer à cette toilette intempestive, elle passera pour surprotectrice. Elle est pourtant dans cet état d'extrême sensibilité à son enfant au cours duquel elle sent que le bain serait plus approprié dans un moment de bien-être éveillé.

L'autoritarisme dont peut faire preuve le personnel médical à l'égard de la jeune mère risque de la déstabiliser, de l'atteindre dans l'estime d'elle-même : après tout, les professionnels ne savent-ils pas mieux ce qui convient aux bébés ? Elle n'est absolument pas en position pour protester contre leurs interventions. Je tiens à souligner ici combien les puéricultrices, prises entre les prescriptions de médecins préoccupés et les attentes des mères totalement investies dans les signaux minimes adressés par leur bébé, font un travail difficile. C'est un état d'esprit collectif qui est en cause et non la bonne volonté d'auxiliaires qui sont toutes dévouées. J'ai souvent constaté qu'une planification trop rigide bousculait les mères et les enfants, en précipitant par exemple le moment du bain, fixé le matin pour réserver l'après-midi aux visites amicales. Or la priorité à la naissance du bébé devrait être de respecter la mère. Et les visiteurs comme le personnel médical devraient encourager l'expression des volontés maternelles. « Le professeur de médecine qui a découvert les vitamines qui préviennent le rachitisme a vraiment quelque chose à vous apprendre et vous [les mères] vous avez réellement quelque chose à lui apprendre, sur l'autre sorte de savoir, celui qui vous vient naturellement. En même temps, le chercheur scientifique peut, si ça l'intéresse, respecter la compréhension intuitive de la mère qui la rend capable de s'occuper de son enfant sans avoir appris à le faire. » Le pédiatre et psychanalyste anglais Winnicott encourageait le personnel à une extrême humilité devant le savoir instinctif de la mère. Mais le discours de psychologues français actuels, telle Christiane Olivier, se veut, inversement, séparateur de la mère, et prône un nursing collectif très précoce : « Les premiers mois, au lieu de s'en occuper à plusieurs, au lieu de le passer de bras en bras, les mères ont tendance à le reprendre très vite contre elles, ce bébé, imaginant que là est son seul paradis, alors qu'on sait maintenant que l'enfant montre des facultés d'adaptation remarquables à tous les êtres vivant auprès de lui. »

J'eus beaucoup de plaisir récemment à rencontrer des

directrices de crèches collectives s'insurgeant avec moi contre ce discours, aujourd'hui si répandu, qui prétend qu'il faudrait habituer un bébé à vivre en collectivité dès les premières semaines. Car ce parti oublie que la mère est programmée génétiquement pour deviner les besoins de son bébé mieux que toute autre personne. On a fait beaucoup de mal aux enfants en niant l'instinct maternel. La mère est une source d'informations considérable pour le bébé, on a même pu dire qu'elle est un « géant sensoriel ». Encourager, renforcer la spontanéité maternelle est indispensable. Chaque geste entre la mère et son nourrisson les lie l'un à l'autre, fait vivre l'enfant. La mère va apprendre son rôle au quotidien en surmontant la peur du premier bain, en cherchant jour après jour à consoler chaque pleur, à résoudre chaque petit malaise digestif. Si trop d'intervenants participent à cet échange, le bébé perd sa capacité à reconnaître le monde. Il a besoin d'un partenaire unique pour se construire. Entouré par l'enveloppe des bras maternels, qui s'ouvrira doucement vers l'extérieur, il se gorge de sécurité et découvre le monde au travers d'une grille de lecture cohérente. Nous verrons que plus cette enveloppe a été respectée, plus elle a été protégée, plus elle s'ouvre avec douceur et sans forçage, et plus l'enfant sera optimiste, sociable et autonome. Je m'oppose donc complètement au discours ambiant qui prétend que le bébé doit passer de mains en mains pour s'autonomiser. Il faudra plusieurs mois à plusieurs années avant que cet éloignement de la mère soit possible, cela différera d'un enfant à l'autre, et seule sa mère peut réellement sentir le bon moment. Je parle bien sûr d'une mère normale, mais les mères normales représentent quatre-vingt-dix-neuf pour cent des mamans...

En entendant les cris de son bébé, la mère, spontanément, le prend dans ses bras, le nourrit et en prend soin.

Le neurophysiologiste Ben Mac Lean a remarqué que la région du cortex cérébral impliquée dans la production des cris de séparation est également celle qui reçoit les messages de la douleur. En étudiant ces cris d'affiliation, il a montré qu'ils correspondent à une région cérébrale profondément enfouie dans le cerveau appartement au système limbique (système de l'émotion archaïque). La peur instinctive de l'abandon est si fondamentale que même un adulte socialisé appellera sa mère s'il se retrouve dans des conditions de panique extrêmes, blessé sur un champ de bataille, par exemple.

Les travaux actuels des neurosciences montrent que le nouveau-né dispose d'emblée d'une théorie pour appréhender les données du monde social. Avant même de naître, il sait que les informations humaines impliquent des êtres qui agissent, à la différence des objets physiques. Il sait très tôt exprimer ses émotions. Le psychologue Lewis a remarqué que les enfants devenaient angoissés quand leurs attentes étaient trahies. Or qui mieux que la mère réagit aux attentes du bébé ? Un chercheur a estimé que jusqu'au dizième mois de son enfant, quatre-vingt-dix pour cent du comportement de la mère consiste à lui montrer son affection, à jouer et à prendre soin de lui. Mais les très jeunes enfants sont extrêmement déstabilisés par de subtils déphasages de la communication et protestent si l'on viole les règles élémentaires de la communication intentionnelle. Ainsi, des bébés de deux mois en face à face télévisé avec leur mère sont dans une situation de communication positive tant qu'ils reçoivent leur mère en direct ; ils montrent en revanche des signes de grande détresse si leur mère leur sourit mais s'exprime en différé. Ces expériences montrent combien le bébé est sensible à la cohérence du discours de la personne qui s'adresse à eux. Or lorsqu'il passe de bras en bras, il reçoit des informations très hétéroclites qui ne facilitent pas son appréhension initiale du monde. Il en conçoit beaucoup trop tôt dans son évolution que les échanges humains peuvent être mal structurés et supportés par des discours différents, alors qu'il a besoin d'un référent unique pour établir ses premiers échanges de façon cohérente. Ainsi arracher un bébé des bras de sa mère peut être très déstructurant pour lui. Je rappellerai là encore les propos de Françoise Dolto : « Le bébé s'épuise de ne pas avoir de rencontre faisant écho à ce qu'il éprouve et qui lui rende cohérence, sens à vivre, ce qui ne se peut que par un dire vrai, par un être crédible par lui sur ce qu'il éprouve. »

Je ne suis donc pas du tout d'accord avec ce que je lis dans certains manuels destinés aux jeunes couples : « Un bébé de quelques mois ou même de quelques jours est très sociable, contrairement à ce que pense la mère qui n'arrive pas à croire qu'elle n'est plus la seule indispensable. En fait, il peut s'adapter à toute autre personne qui s'occupe souvent de lui ou vit dans sa proximité. » Bien sûr, le bébé peut s'adapter et s'adaptera, mais à quel prix ? Et si la mère ne le sent pas prêt ? De la même façon qu'un enfant de quelques années ne peut pas apprendre quatre couleurs à la fois, mais doit parfaitement connaître l'une d'entre elles, le rouge le plus souvent, avant que vous n'introduisiez le jaune, puis le bleu... de la même façon, le petit bébé ne peut pas comprendre comment fonctionne l'univers avec plusieurs partenaires s'occupant de lui à part égale. L'enfant doit donc bénéficier d'une relation privilégiée et quasi exclusive avec sa mère jusqu'à ce que celle-ci le sente prêt à la séparation. « Et la date couperet du congé de maternité, me direz-vous, qu'en faites-vous ? » Nous verrons lorsque nous aborderons le travail de la mère comment adapter cette date aux besoins de l'enfant et à ce que perçoit la mère.

Ainsi lorsqu'on me demande : « Est-ce que toutes les femmes ont un instinct maternel ? » Je réponds : oui, absolument, les femmes naissent avec un capital qui les dispose à être mères, mais à la naissance, c'est le bébé qui donne le mode d'emploi à la mère, qui l'écoute et le regarde. C'est ainsi qu'il peut exister et qu'elle peut se comporter en mère. Tout ce qui s'immisce dans cet échange mère-bébé nuit à l'instinct maternel. Chacun doit accompagner et concourir à la découverte réciproque de la mère et de son nouveau-né.

Les plus grands progrès dans ce domaine ont été faits dans les centres de prématurés : on sait maintenant que le poids des nouveau-nés augmente beaucoup plus vite si on laisse les mères les alimenter, leur tenir la main dans la couveuse. Dès la naissance, on prend une photo du bébé pour que la mère puisse la contempler en cas de séparation. On déplacera une ambulance s'il le faut pour qu'elle puisse se rendre au centre de prématurés. Le personnel soignant l'encourage à tirer du lait pour son nourrisson, lui signifiant ainsi que le lien n'est pas rompu et qu'elle est indispensable à son enfant ; le père, qui transporte les précieux biberons, qui revient avec des nouvelles et des photos, joue lui aussi un rôle considérable. Et les paroles prononcées par l'entourage médical sont extrêmement importantes pour le maintien du lien entre la mère et l'enfant, et le devenir de ce lien. Les premiers mots dits à propos du bébé resteront gravés pour toujours dans son histoire et dans le cœur de sa mère. Je suis très étonnée de voir que ces notions, entrées depuis maintenant plus d'une dizaine d'années dans les centres de prématurés, n'en sont guère sorties. Dans les maternités, il est fréquent qu'on enlève le bébé à sa mère, qu'on la déclare « fusionnelle » si elle veut dormir avec lui, qu'on refuse au père un lit dans la chambre de sa compagne, l'empêchant de partager avec elle les émotions de la découverte du bébé. On culpabilise la mère aussi. Les pleurs du bébé sont souvent interprétés comme des coliques provoquées par le lait maternel et l'on voit encore traîner dans les maternités des régimes spéciaux d'allaitement. Comme si c'était le lait de la mère qui pouvait donner mal au ventre au bébé ! Le lieu commun consiste à prescrire à la mère la suppression du melon ou du chou qui pourraient troubler son lait. Elle est par là même suspectée d'empoisonner son enfant, alors que celui-ci a déjà dégluti les saveurs de ses aliments avec le liquide amniotique ! En outre, plus l'alimentation de la mère est variée, plus le nourrisson développe ses papilles gustatives. Mais au lieu d'attribuer les pleurs au besoin d'être remis au sein, bercé contre la peau maternelle, on invoquera que ce n'est plus l'heure de téter. Voilà ce que je constate quotidiennement dans mon métier. On vénère aujourd'hui Françoise Dolto, mais on oublie qu'elle a dénoncé les conditions déshumanisantes en maternité et les micronévroses quasi expérimentales déclenchées chez un bébé par l'angoisse de ses parents au cours de ces épreuves de séparation vécues après la naissance. Cela n'a malheureusement guère changé en trente ans. Sous prétexte du besoin de repos de la jeune accouchée, le bébé est trop souvent séparé d'elle, couché dans un lit fixe et parfois plongé dans le climat étranger et braillard de la pouponnière. Les infirmières chargées des soins subissent le roulement des trois-huit. Dans quel regard, dans quelle voix, dans quelle odeur bébé se reconnaîtrait-il ? Pendant plusieurs jours la mère, si elle ne nourrit pas son enfant au sein, a des contacts extrêmement entrecoupés avec lui et tous deux restent, par conséquent, presque étrangers l'un à l'autre. Vingt-cinq pour cent des femmes déclarent avoir été déçues par leur séjour à la maternité à cause, non pas de la qualité des soins et de l'information, mais de la place accordée aux relations humaines.

Les querelles entre l'inné et l'acquis

Dans les années 50, le psychiatre anglais John Bowlby exposa sa théorie de l'attachement dans une série de livres et d'articles qui connurent un grand retentissement mais n'influencèrent guère les pratiques autour des jeunes mères. La théorie de l'attachement met l'accent sur les premières interactions entre le nouveau-né et sa mère. Selon Bowlby, ces relations ont un impact profond sur la vie de l'enfant, ce qui posait encore le problème de la culpabilité maternelle. Car si l'avenir affectif du bébé dépend de ce qu'il perçoit et reçoit de sa mère durant les premiers mois de leur relation, celle-ci risque de se sentir responsable de chaque échec de son enfant. C'est ainsi que les mères ont été accusées d'être à l'origine de nombreux troubles du développement. Par la voix si puissante de Bruno Bettelheim, on leur fit grief de fabriquer des enfants autistes par manque d'affection. Or ces accusations n'appartiennent pas au passé. Récemment encore, j'ai reçu une petite fille typiquement autiste qui était suivie par un psychanalyste ; tout l'entourage mettait le trouble sur le compte d'un dysfonctionnement de la relation mère-enfant.

À l'opposé de Bowlby, un autre pédiatre américain de la première moitié du XXe siècle, Arnold Gesell, répandit une idée plus confortable pour les parents : le développement d'un individu suivrait des étapes incontournables, répondant à un programme inné qui ne dépendrait pas de l'attitude du père et de la mère. Ainsi tout enfant normal apprendrait à sourire, à se tenir assis, à parler, à marcher selon un calendrier assez fiable.

En 1991, Sandra Scarr, présidente de la société américaine pour la recherche sur le développement de l'enfant, proclama que les enfants influencent leur propre environnement selon leurs caractéristiques héréditaires propres. D'après cette théorie, l'enfant choisit inconsciemment, parmi les stimuli qu'il rencontre dans son environnement et les comportements de ses parents, ceux qui correspondent à ses penchants héréditaires. Ainsi, selon Sandra Scarr, les traits génétiques innés seraient si puissants que l'environnement ne jouerait qu'un rôle mineur pour l'évolution de la personnalité de l'enfant. Autrement dit, à partir du moment où vous offrez à votre enfant l'essentiel des soins de puériculture et de la communication dont il a besoin, il deviendra ce qu'il est biologiquement programmé à devenir, quoi que vous fassiez par ailleurs. Cette idée rassérène évidemment beaucoup de parents, leur suggérant de moins se culpabiliser, d'éviter de se sacrifier inutilement et de ne pas être déstabilisés par la moindre difficulté de leur enfant.

À la même période, Kagan, un psychologue d'Harvard, offrit un argument supplémentaire à cette théorie. Il émit l'hypothèse que les enfants qui ont un caractère craintif ou inhibé, peureux ou inquiet, pourraient tout simplement être nés dotés d'un système d'alerte émotionnelle du cerveau sensiblement excitable. Et ce serait leur prédisposition congénitale qui influencerait leur relation avec leur entourage, car les parents se comporteraient différemment selon que leur enfant est craintif ou possessif ou qu'il est génétiquement plus expansif et audacieux.

Ces théories sont intéressantes car elles soulignent que les qualités propres à un tout-petit peuvent influencer considérablement son père ou sa mère et modifier la qualité de l'attention qu'ils lui prodigueront. Les parents qui ont conscience du rôle joué par le tempérament de leur enfant risquent moins de développer de lourds sentiments de culpabilité parce qu'ils ne se sentent plus les seuls responsables de ses difficultés affectives. Enfermée dans la conviction qu'elle est incapable de gérer le comportement dérangeant de son enfant, la mère peut même développer de l'hostilité à son égard. Ce sentiment ne vient pas de ce qu'elle est une « mauvaise mère » ou une « mère indigne », mais qu'elle n'a simplement pas été soutenue pour élever cet enfant. Car le plus important à retenir, c'est que le maternage doit être sensible aux informations données par les bébés, différentes selon le tempérament de chacun d'eux.

Cependant ces controverses entre le rôle de l'inné et celui de l'acquis dans le développement de la personnalité de l'enfant et le récent regain d'intérêt pour les tendances innées du bébé restent abstraits si on ne les illustre pas par l'étude très édifiante menée aux Pays-Bas. Dymphna Van Den Doon a sélectionné un groupe de 100 bébés, « très nerveux » selon les parents, c'est-à-dire pleurant fréquemment et difficiles à apaiser. Elle a proposé un soutien psychologique à la moitié des mères du sixième au neuvième mois de leur enfant en vue de les aider à le comprendre, à capter les signes qu'il envoie et à trouver les stratégies efficaces pour le calmer. Les 100 bébés ont à nouveau été observés à l'âge de douze mois. Il est apparu que ceux dont la maman avait bénéficié d'une aide étaient beaucoup plus confiants et sociables. Ils présentaient un attachement sécurisé lorsqu'on les mettait en situation de dépaysement, beaucoup plus souvent (62 % des cas) que les bébés du groupe dont la mère n'avait pas reçu de soutien et de conseils psychologiques (28 % des cas). Ainsi, quel que soit le tempérament génétique des uns et des autres, cette étude confirme indéniablement mon expérience : le comportement de la mère a une influence plus importante sur le développement de l'enfant que ses qualités comportementales innées. Cette étude va dans le sens de ma conviction : il n'y a pas de « bonne mère » ou de « mauvaise mère », mais des mères qui ont besoin d'une aide plus ou moins spécialisée ou intense, selon leur situation.

Les extraordinaires interactions mère-bébé

Que se passe-t-il dans le cerveau du nourrisson en plein développement ? À la naissance, le cerveau humain est beaucoup moins fini que celui des autres mammifères, il doit quadrupler de poids pour atteindre sa taille adulte, alors que le cerveau d'un bébé chimpanzé double seulement son poids. Dans le cerveau humain, le nombre de neurones est déjà totalement déterminé et fabriqué à la vingtième semaine de grossesse, mais ces neurones sont spécialisés et doivent migrer à la surface du cerveau, le cortex, sans se tromper de route pour aboutir à la place qui correspond à leur spécialité : les neurones de la vision dans l'aire de la vision ; ceux de l'ouïe, dans l'aire de l'ouïe ; les neurones moteurs dans les zones motrices, etc. Cette migration est extrêmement sensible à des phénomènes extérieurs comme l'alcool, les drogues, le tabac, ou encore certains virus. À la naissance du bébé, la migration est terminée mais les connexions des neurones entre eux commencent à peine à se former. Ces connexions, qu'on appelle les synapses, établissent les circuits de transmission de l'information : elles garantissent par exemple la liaison entre les circuits de l'ouïe et ceux du langage et de la mémoire. Grâce à l'imagerie médicale, on observe que l'élaboration des articulations entre les neurones engendre un accroissement de la consommation de chaleur et de glucose, c'est-à-dire d'énergie, du cerveau du nouveau-né ; il se fabrique ainsi des images mentales qu'il pourra ensuite restituer, puis dénommer. Les synapses se multipliant, le cortex cérébral se plisse car il se retrouve vite à l'étroit dans la boîte crânienne du nourrisson, pourtant très souple avec sa fontanelle ouverte comme les pétales d'une tulipe. La boîte crânienne se développe plus rapidement qu'elle ne le fera jamais ensuite au cours de la vie. Ainsi, à deux ans, le cerveau du jeune enfant consomme autant d'énergie que celui d'un adulte ; entre quatre et neuf ans, il en consomme le double. Ce travail de câblage entre les cellules nerveuses se fait sous l'influence des stimulations qu'il reçoit de son environnement.

Regardez un bébé de quelques jours ou de quelques semaines dans les bras de sa maman. Vous avez fait du bruit en entrant dans la pièce, vous dérangez le système de communication de leur tendre duo et, pour se sécuriser, bébé cherche le sein. Dans un accordage parfait, à supposer que votre regard n'exprime pas de désapprobation, la mère lui laisse attraper le téton, qu'il aspire. En quelques goulées, le voilà rassuré, il se détend, ses yeux balayent l'espace, vous scrutent ; il va de sa mère à vous, il écoute, il touche le sein, ses pieds ; il cherche à capter les signaux de son environnement pour connecter ses circuits de réception d'informations : « Voilà quelqu'un qui entre dans la pièce. Est-ce que ma mère aime cette personne ? Est-ce que les voix sont empreintes de confiance et de douceur ? Ou est-ce que ce visiteur apporte le stress, la tension nerveuse ? Qui suis-je par rapport à cet univers changeant ? Quel est ce parfum ? Quelle est la couleur des cheveux, cette façon de s'habiller ? » L'enfant, progressivement, s'ouvre pour capter tous ces messages. L'acquisition de l'information, qu'il s'agisse de la langue maternelle, d'un souvenir, ou des étapes d'un acte moteur comme boire au biberon ou manger à la cuiller, a un effet majeur sur le développement du cerveau puisqu'elle détermine quelles sont les connexions qui peuvent se stabiliser et lesquelles doivent être éliminées. Le tissu cérébral du nourrisson procède en permanence à une sélection des circuits utiles ou inutiles. Les enfants naissent non finis, et le restent longtemps. Après leur naissance, ils attendent de voir dans quel univers ils sont reçus pour se développer ; ils ont besoin pour ce faire de se sentir en sécurité dans une enveloppe protectrice, les bras maternels.

Nous observons également, grâce à l'imagerie médicale, que le cerveau du nourrisson pendant la première année fait travailler son hémisphère gauche, plus sensible aux stimuli émotionnels, autant que le droit, hémisphère de l'intelligence logico-mathématique. Ce n'est que petit à petit que ce dernier deviendra dominant comme il l'est pour les adultes. Le nouveau-né peut donc comprendre si sa mère s'adresse à lui ou à d'autres personnes, si elle parle de lui ou d'une scène le concernant, et si son discours est chargé d'une forte émotion, même s'il ne connaît pas le sens des mots proprement dit.

Selon la théorie d'Antonio Damasio, professeur de neurologie à l'université de l'Iowa, le cerveau enregistre aussi les changements corporels provoqués par les émotions puissantes, et s'en souvient. Lorsque, par exemple, on laisse pleurer un bébé qui a faim parce qu'on a décrété que ce n'était pas l'heure du biberon, il commence à s'agiter, à avoir chaud, à transpirer. Il sécrète de l'adrénaline et son émotion (une sensation douloureuse par exemple) s'inscrit dans son cerveau, parallèlement aux autres informations (une voix par exemple) apportées au même moment. Lorsque, plus tard, l'enfant devenu grand vivra une expérience similaire, celle-ci réveillera un souvenir inconscient qui provoquera une réponse viscérale. Prenons l'exemple d'un de mes petits patients atteint d'un pied bot. Il devait subir chaque jour des séances de kinésithérapie comportant des manipulations désagréables. Le kinésithérapeute avait demandé à la mère de donner un biberon à son bébé au moment des massages, afin que celui-ci soit plus détendu. Il s'ensuivit une anorexie, même après l'arrêt des séances, l'enfant ayant associé la notion de tétée à celle de massages douloureux. Nous ne pûmes y remédier qu'en remplaçant les biberons par des repas à la cuiller au goût très différent. Ainsi, les circuits cérébraux de l'émotion peuvent submerger l'enfant qui a subi de graves dommages. Et ceux de la connaissance, sollicités concomitamment, souffrent en même temps, de sorte que les capacités d'apprentissage sont touchées. La façon agréable ou désagréable dont l'information est transmise à un bébé joue donc sur la manière dont il recevra et retiendra savoir et expérience. C'est pourquoi je dis souvent aux mères de donner une tétée pendant la consultation : le bébé étant apaisé et détendu, il peut capter ce que je dis et les mots lui parviennent de façon beaucoup plus sûre. Les dommages provoqués par les graves stress émotionnels et les événements traumatisants s'inscrivent dans une région du cerveau : ceux-ci seront plus tard associés à un stimulus rappelant celui qui avait déclenché le stress émotionnel. Le nouveau stimulus peut donc provoquer des crises d'angoisse diffuse qui restent inexplicables puisque l'enfant est incapable de mettre des mots sur ses souvenirs émotionnels.

Privé de mots, le bébé n'a pas la possibilité de donner un sens à des expériences émotionnellement chargées. Tant que personne ne l'aura fait pour lui, elles resurgiront de façon brutale et déclencheront un comportement irrationnel qui risque fort d'être accueilli par des rabrouements ou des gronderies. Seule une mère attentive aux besoins de son enfant peut, les premiers mois, donner un sens aux inéluctables frustrations qu'il va vivre. Regardez une maman qui s'occupe de son nourrisson, elle met des mots sur ce qu'il ressent. Quand il pleure en régurgitant, elle intervient : « Oh oui, mon bébé, comme c'est désagréable, tu viens de faire un rototo qui t'a brûlé le ventre ! » et elle le caresse, donnant ainsi un sens à l'événement qu'il vient de vivre. Lorsqu'il pleure parce qu'il attend son biberon, elle le rassure : « Ne t'inquiète pas, maman chauffe ton biberon... »

Au contraire de ces stress émotionnels qui lèguent des souvenirs inconscients difficiles à gérer, l'adaptation de la mère aux besoins de son enfant fait germer en lui le sentiment que le monde lui est favorable. Il ne faut pas pour autant chercher à être une mère parfaite qui lui garantisse un monde parfait. Toute mère est à la fois bonne mère et mauvaise mère, cela dépend des moments. Et trouver le juste accordage avec un bébé est une recherche permanente. L'équilibre est particulièrement instable pendant les premières semaines et le reste jusqu'à la troisième année. Il n'est pas de maman qui n'espère trouver la recette pour que son enfant soit calme au moment de la tétée et fasse ses nuits, mais c'est là un leurre total. Car le bébé est guidé par ce que Freud a appelé le principe de plaisir (qui est inconscient) : il recherche en permanence l'apaisement de ses tensions internes. Sa faim, par exemple, ou son besoin de succion le conduisent à pleurer et à élaborer un subtil réseau imaginaire de communication avec la personne maternante. Vous qui vous occupez quotidiennement de votre bébé savez bien que le sentiment de l'avoir apaisé vous procure du bien-être. Or cette alternance de crises de pleurs auxquelles la réponse n'est pas toujours aisée à trouver et de moments de bien-être favorise l'accordage entre vous et votre enfant. J'aime tant, à ce propos, les paroles de Winnicott : « Réjouissez-vous des soucis que vous procure le bébé, dont les pleurs et les cris l'empêchent d'accepter le lait que vous avez envie de dispenser avec générosité. Je sais que vous serez heureuse des signes qui vous montreront peu à peu que le bébé est une personne et qu'il vous reconnaît en tant que personne. »

Bien sûr, vous vous sentez complètement désemparée, vous en voulez au nourrisson lorsque vos efforts pour l'apaiser échouent. Vous le mettez contre votre sein, vous lui proposez le biberon, et il détourne violemment sa tête en continuant de hurler ! On invoque très fréquemment dans ce cas les « coliques du nourrisson » et on surmédicalise les nouveau-nés à coups de fibroscopies, de pHmétries (mesure par une sonde de l'acidité remontant de l'estomac dans l'œsophage), et de médicaments qui souvent sont loin d'être inoffensifs. Je rencontre beaucoup trop d'enfants ainsi traités. Au lieu de recourir à ces mesures, il faut simplement se faire à l'idée qu'on ne peut pas trouver la solution sans tâtonnements. Le plus souvent, c'est la mère qui la détient. Elle met en œuvre des stratégies aussi vieilles que l'humanité, mais dont on prive les bébés d'aujourd'hui en interdisant aux mères de les pratiquer – le bercement par exemple. Dans les maternités, on utilise des vasques de plexiglas roulantes qui ne bercent pas, pour la commodité de la surveillance. À la maison non plus, on n'utilise généralement plus de berceaux qui bercent. Pendant la grossesse, le fœtus est bercé par le pas de sa mère. Et tout d'un coup, parce qu'il est venu au monde, il passe la majorité de sa journée dans un berceau ou un petit siège statiques. En fin de journée, il se sent mal dans son corps et a besoin de mouvement. Mais c'est justement le moment où vous auriez envie d'un peu de repos avec votre compagnon. Alors, impatiente de le calmer, vous le prenez dans vos bras. Mais votre impatience le crispe.

Beaucoup de parents occidentaux croient bien faire en installant le nouveau-né dans la chambre qu'ils ont décorée de jolies frises pendant la grossesse. Ils espèrent que cette séparation précoce préviendra la mauvaise habitude du réveil nocturne. Mais comme l'instinct reprend le dessus, ils ne se sentent pas tranquilles et font de fréquentes visites dans la chambre, ou installent des gadgets électroniques permettant de capter le moindre de ses bruits, alors qu'il serait si sécurisant pour le bébé de dormir dans la chambre parentale. Une enquête intéressante, publiée en 1999 dans les *Archives de pédiatrie*, a fait apparaître que le nombre de morts subites diminue lorsque bébé dort dans la chambre des parents pendant ses six premiers mois. D'après les enregistrements des rythmes respiratoires durant le sommeil, on a en effet constaté que les pauses, qui peuvent provoquer la mort subite, sont moins longues et moins fréquentes. Cela peut s'expliquer par le fait que les centres respiratoires immatures sont stimulés par le bruit de la présence des parents, de leur respiration, de leurs mouvements. En revanche, le silence absolu dans une pièce où l'enfant est seul, même si lui fait du bruit, ne produit aucun stimulus susceptible d'interrompre les longues pauses respiratoires propres à cette période de la vie.

De la même façon, en pratiquant un allaitement libre, que ce soit au sein ou au biberon, on permet aux bébés de téter les quelques gouttes de lait supplémentaires nécessaires pour les sécuriser. Pendant la nuit, si vous avez, selon mes conseils, gardé le berceau à côté du lit, vous pouvez prendre votre bébé lorsqu'il se réveille et, tout en restant allongée, le laisser téter. Tout cela, les mères le font instinctivement, mais elles se sentent coupables de ne pas suivre le schéma imposé. Vous êtes nombreuses à vous reprocher de vous endormir après l'allaitement, or ce n'est là que le résultat de l'action des hormones si bien faites par la nature : la prolactine, responsable de la sécrétion du lait, appartient à la famille des endorphines. Elle « ensuque » la mère, et la met pendant la tétée dans un état second de bien-être... dont le bébé a besoin. Le rêve d'un bébé est d'être contre sa mère, et que son père les entoure tous deux de ses bras. Et qu'on ne me dise pas qu'il y a des risques d'étouffement du bébé ! C'est un accident tout à fait exceptionnel, je n'en ai pas observé un seul en sept ans de pratique pédiatrique chez les Mélanésiens qui dorment de cette façon avec leurs enfants. On a également constaté que, dans les villes surpeuplées où parents et enfants dorment dans le même lit, à Hongkong par exemple, on comptait moins de morts subites qu'en Occident. Il y a danger lorsque l'un des parents a bu trop d'alcool, fume dans la chambre, ou encore si l'un d'eux est obèse et fait des apnées nocturnes. Mais si les parents sont bien constitués et ont une hygiène de vie normale, il n'y a aucun risque à ce qu'ils s'endorment tandis que leur bébé tète. Leur présence, leur respiration et leur odeur maintiennent au contraire ses centres nerveux en alerte.

Toutes ces constations des neurophysiologues vont donc dans le sens de l'instinct maternel. Il reste que les mères s'interdisent trop souvent de l'écouter au profit de principes qui, sous prétexte d'assurer sa nécessaire autonomie, visent à les « libérer » de leur enfant.

Je me souviens d'une jeune maman psychanalyste qui observait sa propre évolution avec humour. « Pendant ma grossesse, me dit-elle, je considérais mon état avec une grande distance. Ayant suivi de nombreuses mères et ayant observé combien elles étaient comme enfermées dans cette sorte de folie maternelle qui les faisait se soucier de détails si dérisoires concernant leur enfant, je m'étais promis de ne pas tomber dans ce piège. À la naissance, je réussis à garder une certaine distance avec mon bébé, je me sentais objective et trouvais ridicules les interrogations des autres mères à la nurserie : "Quand faut-il couper les ongles de bébé ?" ; "Comment lui sécher la tête ?" ; "Faut-il lui passer un peu d'huile sur la peau ?" ; "Pourquoi a-t-il le hoquet ?"... Mille questions qui me paraissaient dérisoires. Mais au fur et à mesure que je me retrouvais seule chez moi à m'occuper du bébé, je me sentis de plus en plus préoccupée par les petits détails de son transit et de son alimentation. À tel point qu'un jour où je venais de quitter le pédiatre, qui m'avait dit que je pouvais introduire un peu de légumes dans les biberons de mon bébé, je me surpris à le rappeler et à le déranger dans ses consultations pour savoir si je pouvais en particulier y ajouter... des brocolis ! En même temps que je la posais, je trouvais ma question complètement stupide, et je me dis : "Ça y est, tu es dans la folie maternelle !". »

En effet, seule la mère s'intéresse au moindre détail des besoins de son bébé, seule elle a le sentiment que cela est utile. Ce souci paraît souvent grotesque aux autres, mais lorsque la mère réagit aux émissions de gaz, aux selles, aux urines, aux rejets alimentaires de son enfant, non seulement elle donne sens aux expériences excitantes du corps de bébé, mais elle les intègre à la relation d'amour qui les lie tous deux. Et dans les mots, le regard, les attentions de celle qui sait si bien se mettre à sa place, le bébé perçoit sa propre personne. Petit à petit, il s'épanouit et s'enrichit de leur relation mutuelle. En éprouvant du plaisir à connaître les besoins de son bébé, à découvrir sa personnalité, à mettre un mot sur les événements digestifs ou sensoriels, la mère signifie à son enfant l'existence de sa vie intérieure. Le bébé sera de plus en plus disposé à communiquer ses sensations, à entrer dans un jeu mutuel d'échanges avec sa mère. Cette relation privilégiée avec quelqu'un qui répond presque exactement à ses besoins assurera sa confiance dans le monde extérieur, et garantira son autonomie. Par sa disposition instinctive à se passionner pour les besoins de son enfant et par sa disponibilité constante au cours de ses premières semaines, la mère acquiert un savoir d'une importance vitale pour son bébé et qu'aucun spécialiste ne peut posséder.

La mère et le bébé entrent en contact non seulement par la succion et le contentement des besoins digestifs, mais aussi par la peau. La peau est stimulée à l'occasion des soins, des bains, des lavages, des frottements, lors du portage ou de l'endormissement. L'allaitement maternel joue un rôle extrêmement important dans cette connivence. Et dans l'allaitement au biberon, il faut prendre en compte l'importance du peau à peau : le nourrisson doit être posé contre la peau nue de sa mère, être découvert quand c'est possible, et, tout en tenant le biberon, la mère peut caresser sa main ou ses pieds.

Cet accordage entre la mère et les besoins digestifs et cutanés du bébé connaît des périodes de sérénité et des périodes de crise. Ainsi, quand ils sont plus grands, les garçons le plus souvent, mais parfois aussi les petites filles, sont effrayés par leurs selles et ce qu'elles deviennent. « Les enfants, c'est connu, ont peur de la chasse d'eau, disait Françoise Dolto, parce que c'est là que leur maman jette leurs excréments, et c'est très important pour l'enfant, l'excrément ; c'est ce qu'il avait en lui, qui lui a tenu chaud, qui est sorti de lui, parfois qu'il a donné ; c'est une partie de lui qui s'en va. Mais si la maman a son bébé dans les bras lorsqu'elle porte son caca aux toilettes, si elle lui explique la chaîne de la vie : "Tu vois, quand on tire la chasse d'eau, ton caca descend par des tuyaux, puis il s'en va à la rivière, puis ça fait pousser les fleurs...", alors le cosmos tout entier prend sens pour l'enfant, puisque celui-ci est en communication avec lui à travers ses besoins et à travers les paroles et les émois de sa mère. » Les réactions de la mère, on le constate ici encore, contribuent à l'émergence de la conscience de soi de l'enfant, aident à la découverte de son individualité en lui donnant une image anticipée de son être à venir. C'est pourquoi elles sont indispensables au tout début de sa vie.

À cette période en effet, c'est le noyau affectif du bébé qui joue le rôle de chef d'orchestre : il organise le sentiment de cohérence de l'enfant dans son environnement et lui permet d'acquérir un pouvoir grandissant sur sa relation avec son entourage et une maîtrise croissante de ses émotions. On peut savoir qu'un enfant a acquis la conscience de soi quand il se reconnaît dans une glace. Or bébé reconnaît le visage de sa mère bien avant de se reconnaître lui-même. C'est donc bien à partir de la personne qui prend soin de l'enfant durant ses premiers mois et ajuste son système de communication émotionnel que naîtra peu à peu, chez le nourrisson, puis chez le jeune enfant, le sentiment qu'il a un corps unique, distinct, entier.

La naissance de l'autonomie

L'accès de l'enfant à l'autonomie, les moyens grâce auxquels il se détache petit à petit de l'enveloppe maternelle dont il a dépendu si vitalement à ses débuts sont un sujet particulièrement important par les temps qui courent : on reproche si souvent aux mères de ne pas savoir favoriser l'autonomie de leur enfant qu'elles-mêmes s'inquiètent dès qu'elles éprouvent de la difficulté à se séparer de lui. Or, la naissance de l'autonomie se fait, dans la très grande majorité des cas, spontanément et progressivement, sans que la mère soit heurtée. Car son adaptation aux besoins du bébé a justement fait germer en lui la perception que le monde est un endroit sûr et accueillant. À travers la mère, le monde vient à la rencontre de l'enfant, si bien que, peu à peu, celui-ci se sentira suffisamment assuré pour aller vers lui.

Cette conscience et cette indépendance progressive surviennent d'autant plus sûrement que l'on respecte l'appréciation des mères. Certaines sont prêtes à confier leur bébé dès l'âge de trois mois, d'autres le feront difficilement quand il aura deux ans. Cela ne signifie pas que ces dernières sont trop fusionnelles : cela s'explique par leur histoire personnelle, par la façon dont elles sont entourées, mais aussi par les besoins qu'elles ressentent chez leur enfant, par ce que vit le père. La mère peut d'ailleurs éprouver un désir de séparation différent avec chacun de ses enfants. Ce n'est pas pour autant qu'elle est bonne mère avec certains et mauvaise ou fusionnelle avec d'autres. On ne peut pas non plus attribuer au souci pathologique d'être unique et absolument nécessaire à son enfant la difficulté de la plupart des mères à se séparer de lui. Je m'insurge contre ce discours accablant et prédominant aujourd'hui.

La maman de Lucas, deux ans et demi, le conduit pour sa première année en maternelle. Elle pense que la vie collective lui sera bénéfique. Lucas est un petit garçon très sensible et affectueux, qui parle très bien. Il a été élevé jusque-là par sa maman et une nounou chaleureuse. Les premiers jours d'école, non seulement il pleure en arrivant, mais il reste isolé à sangloter toute la matinée. Le quatrième jour, lorsque la maman vient chercher son fils, l'institutrice lui dit : « Vous savez, j'ai prévenu Lucas que s'il continuait de pleurer ainsi, vous ne viendriez pas le chercher ! » La maman s'étonne de tels propos, surtout à l'adresse d'un enfant effrayé, en proie à l'angoisse de la séparation. Et la maîtresse de répondre : « C'est bien la réflexion d'une mère trop fusionnelle. » Lucas put changer d'école, et s'intégra parfaitement à la nouvelle...

Une telle réaction, qui ignore complètement la psychologie d'un jeune enfant, peut paraître exceptionnelle. Pourtant, il suffit de consulter quelques traités de pédiatres ou psychologues éminents pour comprendre que l'accusation « mères fusionnelles » est largement vulgarisée : « Les femmes sont malades de se séparer de leurs enfants, mais ce sont les enfants qui fabriquent de réelles maladies psychosomatiques dues à l'abandon. Voir le taux d'affections rhino-pharyngées et de bronchiolites dans les crèches. L'enfant ne peut-il donc trouver rien de bon à respirer dans un air laissé vide par l'absence maternelle ? C'est en tout cas ainsi que les mères le ressentent. » Vous l'avez compris, à lire ce confrère, c'est votre faute si le virus VRS est plus agressif dans les collectivités de nourrissons ! Mais ces voix autorisées s'amusent aussi du comportement des mères : « Les mères sont au pied de leurs enfants, à leurs pieds. Elles ont une patience inimaginable, et que je te donne du “Mon trésor” par-ci et du “Mon ange” par-là, et que je me précipite pour te relever quand tu tombes, et que je te bisouille vite fait là où j'ai cru que tu as eu un bobo, et que je vais te chercher le jouet que tu guignes et que je t'en donne tout de suite un autre si tu ne veux plus du premier, etc. » Ainsi se moque Aldo Naouri de « l'effet-mère, de ces mères qui se “vautrent” dans la source inépuisable de plaisirs qu'est la relation avec leur enfant ».

Non seulement ce type de discours révoltant prétend que, dans sa « folie maternelle », la mère est trop possessive et refuse de rien déléguer de l'éducation de son enfant, mais il tente de convaincre que les crèches collectives rendent les enfants plus autonomes et plus sociables. À tel point que certaines mères, très heureuses avec leurs bambins à la maison, partageant avec eux de nombreuses activités, des promenades, des jeux passionnants, se croient obligées de les confier à une halte-garderie, même si leurs petits pleurent de façon déchirante quand elles les y laissent. Bien sûr, le plus souvent ils se calment après leur départ. Mais comme me disait l'une d'entre elles : « Lorsque je suis venue le chercher, j'ai regardé par la vitre et je l'ai vu complètement replié dans son coin, en train de se balancer, on aurait dit un autiste. Je ne l'avais jamais vu comme ça. Je ne peux pas le laisser là-bas ! On ne peut pas infliger un tel stress à un enfant pour le rendre sociable ! »

À partir de quel âge la vie collective rend-elle l'enfant sociable ?

Voilà la vraie question. Des travaux récents ont tenté d'y répondre.

À Dielefeld, une ville du nord de l'Allemagne, les mères ont pour habitude de décourager tout contact physique étroit avec les jeunes enfants, les poussant activement à être curieux et indépendants. Or quand on compare, quelques années plus tard, leur progéniture à des enfants élevés de façon plus traditionnelle, couvés longtemps par leurs mères, on constate qu'ils ont un comportement plus hésitant et asocial qu'eux. Il apparaît donc que l'affection encourage l'indépendance et l'autonomie plus que la froideur.

Un chercheur américain, Schaffer, a mis en évidence les signes de préférence de l'enfant pour sa mère en cas de détresse en notant la protestation à la séparation. Les signes de désappointement révélant qu'un enfant est attaché préférentiellement à sa mère sont les moues, les pleurs, les cris de détresse quand elle le quitte ou lui fait défaut. Et à l'inverse, le contentement est manifesté par des accolades quand elle s'approche et reste disponible. Schaffer a souligné la supériorité de la présence maternelle dès que les conditions de vie de l'enfant sont difficiles : maladie, fatigue, présence d'une personne inconnue.

On s'en serait douté, me direz-vous. Mais pourquoi alors ne pas respecter l'intervention de la mère quand elle sent que son enfant est en détresse ? Pour le rendre sociable ? Les travaux d'Harlow sur les bébés singes sont très intéressants à ce sujet. Quand un bébé singe est séparé de sa maman durant six mois, période très longue dans la vie d'un primate, il a un comportement asocial : il reste seul, ne joue pas avec les autres, ne se défend pas quand il est attaqué. Certains restent accroupis dans un coin, à se balancer. Plus le bébé singe est jeune, plus longtemps il est séparé de sa mère, plus strict est cet isolement et plus les symptômes que nous venons de décrire sont graves. Au point que de nombreuses années plus tard, les singes privés du contact et du réconfort maternel présentent encore des différences comportementales et physiologiques majeures par rapport à leurs congénères élevés par leur mère, quand bien même ils ont retrouvé une existence normale après l'épreuve de la séparation. Les individus meurent plus jeunes, leurs capacités d'apprentissage sont plus faibles, ils ne parviennent pas à traiter l'information aussi efficacement que les autres singes. Certains d'entre eux présentent même une baisse de leur immunité et d'autres deviennent très agressifs, un comportement qu'on explique par un niveau anormal d'une hormone cérébrale, la sérotonine. Il arrive aussi que des singes confrontés à une séparation précoce d'avec leur mère se montrent plus tard excessivement soumis, ne s'accouplent pas, délaissent ou malmènent leur progéniture, en particulier le premier-né. Ces schémas de non-attachement se transmettent sur plusieurs générations.

Toutes les études vont dans le même sens, confirmant ce que nous avons mis en valeur : plus un bébé a été gorgé de sécurité par sa mère et mieux il s'adapte ensuite au monde environnant. Il est peu agressif, sociable, communicant, il cherche à aider les autres. Il est leader dans les situations imaginaires de jeux en commun et montre des capacités de concentration élevées lorsqu'il s'agit d'écouter les directives d'un adulte. Je souhaite que l'on dise aux mères qu'elles sont le meilleur soutien et la meilleure compagnie de leur enfant au moins jusqu'à trois ans, âge auquel il peut être séparé d'elles et entrer à l'école. Récemment, j'animais une table ronde entre des mamans. L'une d'elles évoquait son bonheur à s'occuper de son enfant de quinze mois, disant combien les journées en compagnie de sa petite fille étaient passionnantes, pour le bébé comme pour elle, combien elle prenait plaisir à cette interruption momentanée de sa vie professionnelle qui lui permettait de se consacrer entièrement à son enfant. Elle n'avait pas envie de la mettre en garderie et avait le sentiment que cela ne correspondait à aucun besoin pour sa petite fille, par ailleurs très sociable. Une autre mère lui demanda si elle n'avait pas l'impression de sacrifier sa vie ; si elle ne craignait pas des difficultés d'adaptation à l'école quand on n'était pas passé par l'étape halte-garderie. J'intervins. Mon expérience me permettait de rassurer l'intervenante : un enfant choyé, élevé par une mère affectueuse, s'intègre très bien à l'école dans sa troisième année, dès lors qu'il est respecté par une institutrice attentive. Je ne cherche pas à opposer deux modes de garde : la crèche et la garderie ont aussi leurs qualités. Il faudrait simplement cesser de prétendre qu'une mère qui prend plaisir à se consacrer à son enfant pendant ses trois premières années est abusive et fusionnelle. De même que celle qui a besoin de respirations, de contacts extérieurs, n'est pas une « mauvaise mère » parce qu'elle a recours à la halte-garderie, surtout au cours de la période si demandeuse en découvertes ; pendant cette période qui va de un à trois ans l'enfant est en plein développement ; il est avide de nouveautés et ne cesse de poser des questions. Chaque mère a sa propre économie psychologique, il faut la respecter.

Mais la mère passe par des moments de découragement particulièrement profond lorsque l'enfant aborde la période d'opposition. Quand le petit a entre treize et dix-huit mois, sa mère lui dit « non », d'une manière ou d'une autre, toutes les neuf minutes ! Car au fur et à mesure qu'il maîtrise de nouvelles pratiques, il exulte devant ses propres capacités, il est en permanence enchanté par les découvertes qu'il fait, par son univers qui s'agrandit, il est passionné par le monde et par sa propre omnipotence. En même temps, il apprend lui aussi l'opposition, il apprend à dire non, alors même qu'il est complètement affolé si sa mère sort de la pièce. Au moindre écart de leur enfant, caprice ou colère, les mères sont critiquées. Mais un enfant qui ne fait pas de colères, ça n'existe pas. Beaucoup de mères sont désemparées par le contraste entre le bébé si souriant de cinq mois et l'enfant colérique qu'elles découvrent entre un et trois ans. L'enfance, si elle paraît être un paradis, est très difficile à vivre, surtout dans ces années où l'appétit de la découverte n'est pas corrélé avec une capacité réelle à agir sur son environnement. Aussi le jeune enfant se montre-t-il extrêmement agressif lorsqu'il est en colère, il en veut à sa mère de ne pas aplanir les obstacles qu'il rencontre, elle qui lui était apparue toute-puissante. La mère ne doit pas être effrayée, elle doit admettre qu'il s'en prenne à elle. Car se sevrer de sa maman passe par un processus de désillusion : « Maman ne peut pas tout arranger, maman ne peut pas répondre à tous mes désirs. » C'est lorsqu'il découvre cette limite au pouvoir magique de sa mère que l'enfant peut à la fois l'aimer et la détester. Au cours de la même journée, elle lui apparaît tour à tour méchante et gentille. Ainsi l'enfant grandit et apprend à la considérer comme une personne réelle, ni fée idéale, ni sorcière.

L'une de vos tâches principales est donc d'aider votre enfant dans la pénible transition entre l'illusion que vous êtes la fée toute-puissante qui peut répondre à tous ses besoins et la découverte que vous êtes une mère humaine qui ne peut obtempérer à tous ses désirs. Petit à petit, une « mère intérieure », relativement indépendante de vous et de votre manière de faire face à chaque événement, se construit dans la pensée de l'enfant. Habité par elle, il dépendra de moins en moins de l'exactitude de vos réponses à ses besoins et vous le verrez lui-même jouer le rôle de gentille mère avec une poupée. C'est ainsi que naît l'autonomie. Mais il faut laisser à l'enfant la possibilité de rêver sa mère.

Les proches, les auxiliaires de crèche ou les intervenants scolaires qui l'attaquent ou la critiquent portent donc une grave responsabilité. Il faut s'interdire des propos négatifs à son égard, même en son absence : « Elle vient toujours le chercher trop tard », « Elle a une vie trop dissolue », « Elle ne s'intéresse pas vraiment à son enfant. » Si ces remarques visent à soutenir la nécessité d'un accompagnement à une mère fragile, elles sont intéressantes ; mais s'il s'agit de litanies régulièrement répétées à proximité du bébé, elles peuvent être très pernicieuses pour lui car il capte les contenus affectifs des discours.

Il faut donc respecter la mère parce qu'elle a, pour son enfant, une sensibilité privilégiée. Une mère fragile et apparemment défaillante mérite aide et compassion, et ne saurait en aucun cas tirer bénéfice de critiques culpabilisantes aussi bien en sa présence que hors de sa présence. Pour se construire l'enfant a besoin de rêver librement à sa mère telle qu'il la ressent, et non telle que nous la ressentons.

Vous comprendrez combien je peux être choquée des conseils que certains psychologues donnent aux mères dans des manuels pratiques. Ainsi ce dialogue à propos d'un bébé de deux mois : La mère : « J'ai le plus grand mal à reconnaître si je fais les choses pour lui ou pour moi, je vis tellement sa vie. »

La psy : « Ne laissez pas la porte grande ouverte entre lui et vous au-delà du deuxième mois, car il en prendrait l'habitude et vous ne seriez plus jamais chez vous dans votre chambre. Laissez-le avec un doudou et une tétine s'il la veut, il a tout ce qui lui faut pour la nuit. Ne le prenez pas dans votre lit, même s'il a de la fièvre. Après l'avoir soigné, remettez-le dans ses draps. Autrement il risque fort d'avoir de la fièvre tous les jours. »

Cet échange me choque, et particulièrement l'ordre intimé à la mère de se séparer de son enfant d'à peine quelques semaines en lui laissant un doudou comme si, à l'âge où l'objet transitionnel n'est pas encore intégré, celui-ci suffisait à combler son absence. Le maintien de cet interdit les jours de fièvre est tout aussi révoltant.

J'invite au contraire à respecter ce que ressent la mère pour le bébé, or elle constate : « J'ai le plus grand mal à reconnaître si je fais les choses pour lui ou pour moi, je vis tellement sa vie. » C'est une très belle phrase pour décrire cet âge de la vie de l'enfant durant lequel il est justement sain d'être fusionnel, ce merveilleux accordage qui fait que la mère et le bébé se ressentent l'un l'autre, et que ce dernier est en sécurité au point de pouvoir ensuite se tourner vers le monde extérieur.

Cet autre dialogue, à propos d'un petit intrépide, n'est pas moins déroutant :

La mère : « J'ai un problème avec mon petit bonhomme de deux ans qui ne cesse de faire des bêtises. »

La psy : « Ne le consolez pas, laissez-le faire son cinéma d'enfant martyrisé. »

Quelle formule ! Un enfant de deux ans a un tel appétit de découvertes que pour explorer des choses nouvelles, il se détourne des jouets qu'il connaît par cœur, il va vers la télécommande, le pot de fleurs ou la batterie de casseroles. Ce que les adultes appellent « faire des bêtises », à cet âge-là, consiste tout simplement à essayer de découvrir le monde.

On accuse les parents d'aujourd'hui de ne plus savoir mettre de limites aux demandes de leur enfant. Il ne faut pas confondre les limites à opposer au désir d'un enfant et le refus de répondre à ses besoins les plus élémentaires. L'enfant a besoin par exemple de dormir près de ses parents pendant les premiers mois, ou d'avoir sans arrêt de nouveaux objets à découvrir et à explorer à l'âge de deux ans. Il ne s'agit pas de caprices, mais de besoins. Bien sûr, répondre à de tels besoins est fatigant. Mais si on explique à la mère que c'est nécessaire au bon développement de son enfant, elle l'acceptera mieux et s'en trouvera apaisée. Car c'est surtout le fait de se croire défaillante qui provoque une fatigue psychique.

D'où l'importance d'aider les mères, et notre société pèche dramatiquement par là. Comme le dit le pédopsychiatre Bernard Golze, « si l'on apprenait aujourd'hui à l'entourage comment fonctionne un tout jeune enfant, et comment l'on doit respecter son développement, on rencontrerait beaucoup moins de problèmes de psychopathologies ensuite ».

En revanche, lorsque l'enfant se montre agressif, essaie de vous mordre ou de vous frapper, il faut bien sûr lui imposer des limites et lui apprendre à vous respecter. Or aujourd'hui, obéissant à des conseils totalement contradictoires, les parents imposent des frustrations trop précoces à leur nouveau-né tout en le laissant les martyriser sous le prétexte que « le bébé est une personne ». Mais celui-ci ne peut pas surmonter son agressivité tout seul : ce qu'il en fera dépend de la réponse qui y est apportée. Un bébé est une personne en voie de développement, pas un adulte. Selon votre réaction, il apprendra à ne pas laisser son énergie s'exprimer négativement : « je mords, je frappe, je casse, je pousse, je tape », mais positivement : « je construis, je dessine, je découvre, je parle, je joue ».

Comment devez-vous réagir à l'agressivité de votre enfant ? Certainement pas par la passivité d'une maman martyre. Vous êtes sa première expérience, et c'est par vous qu'il teste ce qu'il pourra faire en société. Si vous le laissez mordre ou frapper, il pensera que c'est là un mode de relation possible. Mais vous ne devez pas non plus le frapper ou le mordre à votre tour, hurler ou le traiter de méchant. Car ne l'oubliez pas, vous êtes sa référence. Il continuera sur le registre agressif si sa mère elle-même communique sur ce ton. Il recommencera, vous bravera, s'endurcira... et en fera autant avec les copains dès qu'il arrivera au square. La bonne réaction consiste d'abord à ne jamais oublier que vous êtes une personne sacrée pour votre enfant. Qu'en aucun cas vous ne méritez qu'il vous frappe ou qu'il vous morde, vous qui l'avez porté pendant neuf mois et qui l'avez mis au monde, vous qui l'avez nourri, bercé, et qui avez répondu à ses besoins avec toute l'attention que nous avons dite. Il faut donc, puisque vous en êtes convaincue, le lui faire savoir, en le lui disant calmement : « Oh non ! Maman n'aime pas ça, excuse-moi, je te mets dans ton parc. Tu peux pleurer, tu as le droit, mais je vais lire un livre, téléphoner à une amie, faire quelque chose qui me fera du bien. Et puis quand j'aurai récupéré, je reviendrai auprès de toi, et nous jouerons à nouveau ensemble. » C'est la pratique du *time out*, prônée avec justesse par les Anglo-Saxons. Il ne s'agit pas de punir mais simplement de faire comprendre à l'enfant que, lorsqu'il est agressif, la personne agressée se protège, et que, par conséquent, la violence n'est pas un mode de relation entre les êtres humains. Alors votre bambin apprendra les limites. Bien sûr, il va pleurer, mais il n'est pas de vie sans contrariétés. Si votre enfant ne pleurait jamais et obéissait toujours, c'est qu'il aurait perdu une grande part de sa spontanéité. Cela se produit fréquemment lorsqu'il se trouve en compagnie d'étrangers qui vous diront volontiers, moqueurs : « Avec moi il ne fait pas de colères. » Bien sûr : on ne s'exprime avec spontanéité qu'avec ses parents ! Préparez-vous donc à traverser ces moments de crise. Au fur et à mesure qu'il grandira, l'enfant apprendra qu'autrui existe indépendamment de lui, qu'autrui ne veut pas toujours la même chose que lui, qu'autrui – alias sa maman – sait se protéger tout en continuant à l'aimer. Il faut à la fois tirer le bébé en avant et lui laisser un espace de développement spontané. Très vite, le nourrisson repère le style de la relation avec chacun des adultes qui le côtoient, et adapte ses réponses. Il acquiert en douceur la capacité d'induire avec autrui une relation qui lui rappelle celle qu'il a avec sa mère. C'est une sorte de transfert.

Tu vas l'allaiter jusqu'à son service militaire ?

Je ne peux traiter de l'autonomie et des mères dites trop « fusionnelles » sans évoquer la controverse autour de l'allaitement et du sevrage.

Notre pays est particulièrement incohérent en ce domaine. D'un côté, on culpabilise les mères qui ne veulent pas allaiter, elles apparaissent comme des mères égoïstes, plus préoccupées d'elles-mêmes que de leur enfant. De l'autre on ne leur donne que des conseils contradictoires, minutant les tétées, leur interdisant de s'endormir avec leur bébé au sein, et les accusant très vite de chercher ainsi dans l'allaitement leur propre plaisir érotique plutôt que le bien-être de leur enfant. Une telle accusation est extrêmement grave, car il n'y a aucun rapport entre le plaisir physique d'allaiter son bébé et celui que procure une relation sexuelle. Mais une fois les premières douleurs de l'allaitement disparues et si vous êtes entourée d'images positives d'allaitement maternel, vous allez vivre un épanouissement certain, partagé par votre bébé. Malheureusement, passé les tout premiers mois, après qu'on vous a tant conseillé d'allaiter tout en entravant la réussite de ce nourrissage, on s'étonnera : « Comment, tu l'allaites encore ! » Et non content de vous culpabiliser, on ne vous laissera pas vous fier à ce que vous ressentez pour choisir la date du sevrage.

Parmi les mille anecdotes qui ont émaillé ma vie de pédiatre, en voici une qui illustre bien ce que vivent les jeunes femmes dans notre culture. Une mère vient me consulter avec sa petite fille de neuf mois, parfaitement constituée, rose, développée et très éveillée. Tandis que je l'examine et la félicite de ce bébé qui semble heureux, elle me demande si je ne le trouve pas carencé. Devant mon étonnement elle me raconte alors que sa pédiatre habituelle à laquelle elle tient beaucoup parce que celle-ci s'est montrée attentive et compétente pour son aîné, atteint d'une maladie grave, lui avait prédit mille catastrophes si elle ne sevrait pas sa cadette à six mois. La mère, qui ne sentait pas le moment du sevrage venu, n'avait pas osé dire qu'elle allaitait encore son nourrisson à neuf mois, et prétendit qu'elle l'avait sevré. Mais elle s'inquiète, elle a besoin que je lui confirme que son bébé va bien. Si en France la poursuite de l'allaitement pendant neuf mois peut choquer, en Suède, c'est la durée moyenne de tout allaitement normal. Une mère qui prolonge l'allaitement n'est pas nécessairement une mère abusive. Je reprendrai là encore les mots de Winnicott : « À la fin d'un allaitement au sein réussi, une mère peut dire qu'elle a mille fois placé son sein au nez du bébé, juste au moment où le bébé désirait quelque chose. De cette manière, elle lui a donné des raisons de croire que le monde est un lieu dans lequel existe l'espoir de trouver l'équivalent de ce qui est attendu, imaginé et nécessaire. Peu à peu, le bébé arrive ainsi à avoir une relation avec des objets extérieurs. » Pour ma part, j'ai souvent constaté que l'enfant qui tétait et s'endormait encore dans le lit des parents était extrêmement sociable. Si ces pratiques nous choquent profondément, elles sont répandues dans de très nombreuses civilisations où les enfants ne manquent pas d'autonomie, au contraire.

Je ne suis pas en train de prôner l'allaitement à tout prix. Si vous désirez nourrir votre enfant au biberon, vous avez sans doute des raisons qui remontent loin dans votre enfance, ou qui tiennent à votre couple, et elles sont éminemment respectables. Laissez simplement votre bébé éclairer votre préférence à la naissance. On ne dit pas aux jeunes accouchées qu'elles ont quarante-huit heures devant elles pour se décider ; c'est dans l'intimité de votre chambre que vous choisirez, en compagnie de votre nouveau-né. Et personne n'a à intervenir, si ce n'est le père. Son rôle est en effet considérable dans l'allaitement, pour soutenir la mère puis pour la séparer de l'enfant. Il doit donc être partie prenante : une mère peut prolonger l'allaitement au-delà de six mois et dormir avec son bébé si son compagnon y trouve aussi une satisfaction, mais si ce dernier part dormir au salon, le couple – et le bébé – sont en danger. Car il est plus important pour ce dernier d'avoir des parents complices et amoureux que d'avoir du lait maternel. Non seulement l'avis du père est déterminant mais souvent, sans même qu'il le sache, c'est son enthousiasme ou ses réticences, presque imperceptibles, qui vous guident dans votre décision de sevrage.

Les absences des parents

Dans les mois qui suivent une naissance, il est fréquent que des parents m'interrogent sur la possibilité et les risques d'une séparation d'avec leur enfant pour un week-end ou une semaine de vacances. Avant de donner un conseil tout fait, il faut prendre le temps d'observer l'état d'esprit de la mère. Je me souviendrai toujours de jeunes parents d'un bébé de quatre mois : la jeune femme allaitait son bébé. Et quelques mois plus tôt, le père avait gagné un billet pour la cordillère des Andes. Il l'avait retardé à cause de la grossesse, puis de la naissance, mais devait maintenant fixer la date du départ sous peine de le perdre. Le couple envisageait de laisser le bébé à la grand-mère paternelle. Quand je demandai à la maman comment elle envisageait ce projet qu'elle avait simplement différé jusque-là, les larmes lui montèrent aux yeux. Devant son émotion, le père expliqua qu'il ne voulait pas la brusquer, mais qu'il pensait qu'il était de son rôle de la sortir de cette bulle qu'elle formait avec le bébé. Je demandai alors s'il n'était pas trop tôt, si la maman était prête, si elle aurait l'esprit libre pour profiter de ses vacances, alors qu'elle semblait tellement investie dans la relation avec son enfant. Elle fondit en larmes et avoua qu'elle ne se sentirait pas disponible pendant le voyage, et qu'elle ne l'accepterait que pour faire plaisir à son mari. Celui-ci, visiblement très affectueux, fut déstabilisé. Je l'incitai à respecter le sentiment de sa femme envers le bébé, sentiment bien compréhensible à l'égard d'un enfant si jeune. Je soulignai aussi que ce voyage créerait une sorte de rupture traumatisante pour la dyade mère-bébé. Le père partit fort contrit, car il avait espéré que j'approuverais l'idée d'une nécessaire séparation entre ces deux êtres. Je me sentais moi-même embarrassée mais j'appris le mois suivant qu'il avait pu changer de destination et partir avec sa femme et son bébé. Je pense avoir rempli mon rôle de pédiatre et permis au père de conforter son couple, ce qui est certainement beaucoup plus important que d'arpenter la cordillère des Andes...

Si je rencontre fréquemment des situations similaires, je suis loin d'être toujours écoutée. Bien des mères partent le cœur déchiré pour des vacances dont elles ne profitent absolument pas. Même si elles savent que le nourrisson est en sécurité chez une grand-mère attentive. Le problème que je tiens à souligner ici ne concerne pas la sécurité du bébé, mais ce subtil échange dont elles seules sentent si le moment est bien choisi de l'interrompre. Certes, comme le disent les psys, le rôle du père est séparateur, mais il ne doit pas intervenir trop précocement dans le duo magique que la mère forme avec le bébé. Heureusement, la plupart des pères ressentent eux-mêmes profondément le besoin de cocooner. Il faut donc respecter la période durant laquelle la mère, ou les parents, veulent vivre dans l'intimité de leur enfant, rester très proches de lui. Celle-ci varie selon les enfants et les parents, et sa longueur ne doit pas être fixée à priori par des professionnels. On ne peut pas dire : « Vous devez pouvoir partir en vacances lorsque bébé a trois mois, neuf mois, deux ans, trois ans. » Non, cela dépend de l'alchimie entre la mère, l'enfant et le père, et je connais des couples qui ne sortent pas de bon cœur le soir alors que leur enfant a quinze ou seize mois. Aucun dîner en ville ne leur apporte assez de gratification, ils se sentent davantage aptes à répondre aux demandes de leur enfant et à l'apaiser avant l'endormissement. Trop fusionnels ? Non, heureux, tout simplement !

À quelle période peut-on réellement parler d'autonomie ?

Je reprendrai ici la définition de Françoise Dolto : « La possibilité de l'utilisation du symbole qui marque l'apparition de l'activité spécifiquement humaine apparaît vers la sixième ou septième année. C'est alors que naît réellement l'autonomie. » Ainsi, c'est peu à peu que l'enfant devient conscient qu'il est indépendant de sa mère. Comme disait Nicolas, dix-neuf ans, ne voulant pas s'orienter vers le métier auquel sa mère le destinait : « Maintenant, maman, je t'explique, on a deux cerveaux ! » Mais un bébé n'est pas un adolescent : parler d'autonomie pour des petits bouts de chou de dix-huit mois ou trois ans relève d'un mythe !

Quand bébé lui aussi se sent coupable

Aussi surprenant que cela vous paraisse, le sentiment de culpabilité n'est pas propre à la mère, l'enfant lui aussi le connaît. Au fur et à mesure qu'il se vit comme une personne à part entière, il prend conscience que sa mère est vulnérable et qu'il est lui-même destructeur.

Ses premières pulsions alimentaires causent déjà des petites douleurs aux mamelons de sa mère et parfois de légers saignements. À ce stade, le nouveau-né ne se soucie pas des conséquences de ses aspirations voraces mais, peu à peu, il réalise que l'objet attaqué au cours d'une tétée, au cours d'un jeu, au cours d'une colère ou de toute autre expérience excitante, est une partie vulnérable de sa mère. Or sa mère est vitale pour lui : il dépend de son existence, il lui adresse des sentiments tendres. C'est la confrontation entre le désir, l'amour qu'il a pour sa mère d'une part, et ses pulsions agressives d'autre part qui fait naître peu à peu le sentiment de culpabilité. Or, « lorsque dans la vie d'un bébé la mère existe d'une manière continue et vivante, écrit Winnicott, cela permet au bébé de trouver ce sentiment de culpabilité qui constitue la source principale du besoin de réparer, de recréer, et de donner ». En d'autres termes, ce sentiment de culpabilité est indispensable dans la construction d'une vie sociale.

IV

Et l'instinct paternel dans tout ça ?

Je suis un homme et, par conséquent, je ne peux pas savoir réellement ce que c'est que de voir là, emmitouflé dans un berceau, un petit morceau de ma personne, un petit morceau de moi ayant une vie indépendante ou pourtant dépendante et qui peu à peu devient une personne. Seule une femme peut vivre cette expérience.

D. W. WINNICOTT

Aujourd'hui, les pères se cherchent, c'est peu de le dire. Entre les nouveaux pères à la mode, les pères démissionnaires et les pères absents, ceux dont on réclame plus d'autorité et ceux qu'on essaie de soutenir dans leurs revendications paternelles, la tâche est rude. Tous les mois de nouveaux livres paraissent sur « la place du père », « les nouveaux pères », « le rôle du père ». Ce phénomène est une conséquence directe de la libération de la femme : la libération de la contraception a donné aux femmes la liberté d'enfanter et le choix du moment (« un bébé si je veux quand je veux »), alors qu'auparavant c'étaient les hommes qui étaient décisionnaires ; et la libération matérielle, les faisant accéder à la vie professionnelle, les a rendues indépendantes.

Ces deux éléments ont provoqué un véritable séisme dans le rôle du père. On constate aujourd'hui que les futurs pères sont angoissés dès la grossesse de leur compagne. « Resterai-je vraiment le père d'éducation de mon enfant ? » « Ne serai-je pas réduit tôt ou tard à n'en avoir été que le géniteur ? » demandent-ils souvent aux médecins au moment de l'accouchement. Car même si le désir d'enfant a été partagé, même si le couple est durable, même si les parents sont mariés, même si, comme je le vois régulièrement, le bébé est né d'une fécondation in vitro, longue et difficile, la séparation reste possible et les jeunes pères la craignent. Ils savent qu'ils seront pères en pointillés et cette idée les hante dès la conception de leur futur enfant. Deux millions d'enfants en effet sont aujourd'hui séparés de leur père et huit cent mille n'ont plus aucun contact avec lui.

Père biologique, père légal, père éducateur et père symbolique... Nous allons voir que toutes ces facettes sont de plus en plus disséminées, et combien il est difficile de les garder assemblées alors même que la construction de l'enfant l'exige. Nous allons montrer aussi que, entre la mode des nouveaux pères et l'accusation à l'encontre des « pères démissionnaires », le rôle du père est bien différent des schémas que l'on propose aujourd'hui. C'est parce que les discours à ce sujet sont faux que les pères ne parviennent pas à trouver la sécurité affective et la sérénité parentale. « Le rôle du père est peut-être devenu un objet d'étude particulièrement passionnant en psychologie du développement », comme le dit Jean Le Camus dans *Le vrai rôle du père*. Il n'empêche que peu d'auteurs, de psychologues ou de pédiatres ont réellement défini la place du père par rapport à la mère, de façon à ce qu'elle soit bénéfique au développement affectif, cognitif et social de leur enfant commun et au bonheur conjugal.

Les nouveaux pères tels qu'ils se voient

Le magazine *Famili* publiait sous le titre « Les nouveaux pères, le mirage », l'analyse du sondage CSA établissant le portrait du nouveau père en mai 2000. Qui sont les pères d'aujourd'hui ?

Une chose est certaine, les hommes vivent pleinement leur paternité. Très impliqués dès la grossesse, ils n'hésitent pas à s'investir auprès de leur tout-petit et disent mettre de bonne grâce la main à la pâte : 92 % changent les couches, 24 % déclarent préparer le dîner, 23 % donnent le bain. Leurs compagnes ne confirment pas pareille implication dans les tâches ménagères et les soins du nourrisson, mais reconnaissent qu'ils passent beaucoup de temps avec le bébé. 67 % jouent avec lui en rentrant du travail, 42 % l'emmènent au square ou au spectacle le week-end. Plus proches de leurs enfants que ne l'ont été leurs prédécesseurs, les pères d'aujourd'hui tissent avec eux des liens de tendre complicité.

En ce qui concerne la naissance, un autre sondage CSA annonce que 74 % des jeunes pères assistent désormais à l'accouchement. Pas tant pour soutenir leur compagne que pour partager un tel moment, déclarent-ils massivement. Un sur deux reconnaît suivre les séances de préparation à l'accouchement avec sa compagne ou dévorer les livres de puériculture. L'image du père qui donne le biberon et dialogue avec son bébé séduit 92 % d'entre eux.

Pour Christine Castelain-Meunier, sociologue et auteur de *Pères, mères, enfants*, « nous sommes passés d'une paternité institutionnelle (où le père représentait la loi, l'ordre et la raison) à une paternité relationnelle. Les hommes sont plus proches que jamais de leurs enfants, ils souhaitent réellement s'impliquer auprès d'eux au quotidien, partager leurs activités ». De leur côté, les femmes leur en demandent davantage. On se rapproche donc d'une conception plus égalitaire des rôles au sein du couple. Mais la société n'encourage pas vraiment ces nouveaux comportements. Dans la vie quotidienne, le père apparaît comme une pièce rapportée, celui qu'on sollicite faute de mieux. Ainsi, si les hommes sont de plus en plus nombreux à venir chercher leur enfant à la crèche, il n'est pas rare d'entendre les puéricultrices les accueillir par un « vous direz à votre femme qu'Arthur a bien dormi et qu'on lui a donné son sirop ! », comme si le père n'était pas un interlocuteur à part entière. Quand on interroge les hommes de quarante à cinquante ans, presque tous disent n'avoir eu que peu de relations avec leur propre père. Ils commencent à casser l'image du père distant et donnent à leurs enfants une éducation différente de celle qu'ils ont reçue. Les jeunes hommes qui ont vingt ans aujourd'hui deviendront plus facilement des pères relationnels, et ce sera plus net encore chez ceux qui deviendront pères dans dix ans.

L'homme privilégie toujours sa situation professionnelle. Seuls 12 % des pères déclarent avoir mis leur carrière en veilleuse pour mieux profiter de leurs enfants. La majorité d'entre eux (quatre sur cinq) quittent leur bureau plus tard que leur compagne. Quant à prendre une journée de congé pour garder un enfant malade, moins d'un père sur dix s'y résout. 1 % des pères ont choisi de bénéficier de l'allocation parentale d'éducation en réduisant leur activité professionnelle pour s'occuper de leurs enfants. Il faut dire que le montant de l'APE (3 000 F) n'est pas très encourageant au regard d'un salaire mensuel... L'investissement des hommes dans la vie professionnelle est de loin supérieur à celui des femmes, même dans un couple de cadres. À partir du moment où un enfant naît, c'est la femme qui réduit son temps de travail. La machine inégalitaire est en marche, car la carrière de la mère se trouve ralentie par le poids des responsabilités familiales. Cela n'est pas sans conséquences à l'intérieur du couple. Quand un homme gagne deux fois plus que sa compagne, celle-ci a tendance à trouver normal de lui épargner les cris et les cavalcades des enfants ou de préserver son sommeil. On peut espérer que les 35 heures vont permettre de mieux équilibrer le temps que chacun consacre aux enfants, mais tout dépend de l'utilisation qui est faite du temps libéré. Certains hommes vont en profiter pour s'occuper davantage de leurs enfants, mais diverses enquêtes montrent que le temps libre acquis est le plus souvent consacré au sport ou à une vie associative qu'à la famille. Si les pères se déclarent plutôt enclins à mettre la main à la pâte pour le bain, le dîner, le baby-sitting, leurs compagnes, elles, ont tendance à revoir presque toutes leurs déclarations à la baisse. Ils ne sont plus alors que 14 % à préparer le dîner de leur enfant, 16 % à donner le bain, 2 % à garder leur enfant malade. Pourtant, se trouver au chevet de son enfant a une valeur symbolique importante pour celui-ci, de l'ordre de la régression : fébrile et affaibli, il a le droit de s'abandonner à sa souffrance et le parent qui a pris deux jours entiers pour rester auprès de lui, lui parler, lui lire des histoires, lui tenir la main en lui disant « je suis là » comme on le dirait à un bébé, lui chanter des chansons de « quand il était petit », créera une réserve de souvenirs vitaux. Je conjure les hommes de ne pas passer à côté de ces moments.

Les dernières nouvelles n'incitent cependant pas à l'optimisme, les chiffres de l'INSEE confirment la tendance soulignée par les femmes : 60 % des hommes ne participeraient pas aux tâches éducatives et domestiques et les femmes continueraient d'en assurer la plus grande part. Ce jugement s'appuie sur des enquêtes dont il ressort qu'une femme salariée ayant un enfant de moins de quinze ans consacre par jour deux fois plus de temps au travail domestique (un peu plus de cinq heures) qu'un homme marié. 80 % des tâches domestiques sont assumées par des femmes. La double journée contre laquelle s'élèvent beaucoup d'organisations féminines et les principaux syndicats est bien loin d'avoir disparu. Les hommes abandonnent volontiers à leurs compagnes les tâches les plus répétitives, les moins socialement valorisées, comme la toilette, l'habillage des enfants, la préparation de leurs repas ou encore les conduites aux différentes activités extrascolaires, anniversaires, visites médicales... L'homme, selon le minuteur implacable des chercheurs du CNRS, consacre deux fois moins de temps à ses enfants par semaine (douze heures quarante et une minutes) que la femme (laquelle enchaîne vingt-cinq heures trente-sept minutes hebdomadaires pour ses enfants après ses journées de travail). En ce qui concerne la répartition quotidienne du travail domestique, elle est aujourd'hui de deux cent soixante minutes par jour pour les femmes et de cent quarante-deux minutes pour les hommes (au lieu de deux cent quatre-vingts pour les femmes et de cent trente et une pour les hommes en 1986). Le temps parental « taxi », soit cinq heures vingt d'aller-retour pour aller chercher les enfants à l'école ou les emmener au foot ou à la chorale le mercredi, de même que le temps parental scolaire, reste encore l'affaire de maman. Un titre du *Nouvel Observateur* soulignait déjà il y a quelques années que les mères avaient un véritable statut de « parent professionnel » car ce sont généralement elles qui gèrent les relations avec les enseignants et les devoirs du soir... Qui rencontre en effet la maîtresse pour faire le point ? Les mères pour 47 % et les pères pour 5 %.

Mais si les tâches domestiques ne sont pas partagées à égalité, on constate un investissement accru des pères, notamment auprès du jeune enfant. Il porte principalement sur les temps de sociabilité durant lesquels on parle, on regarde en famille une émission télévisée, on va faire ensemble une balade, visiter un musée. Les activités de loisir prennent 55 % du temps que les hommes vouent à leur progéniture, contre 40 % pour les femmes.

Et l'autorité dans tout ça ? Les mères se plaignent souvent aujourd'hui de ne pas être soutenues par leur compagnon. Interrogés, les pères confirment qu'ils ne revendiquent pas vraiment le rôle du père fouettard. À la question « qui gronde ? », 30 % des mères répondent que c'est toujours elles contre 26 % des pères. Le père se veut paternant, joueur, et pas vraiment autoritaire.

Il faut dire ici un petit mot des « superpapas » que sont les pères de familles nombreuses. Ils s'acquittent des tâches ménagères et éducatives beaucoup plus souvent que la plupart des pères, y compris quand il s'agit de rencontrer seuls la maîtresse d'école, ce qui arrive à 8 % d'entre eux, contre 1 % des pères d'un seul enfant.

Il ressort de tous ces chiffres que les hommes se veulent « nouveaux pères » tandis que leurs compagnes estiment qu'ils n'y sont pas tout à fait. Ils désirent – même s'ils ne le font pas toujours – s'investir concrètement auprès de leurs enfants et s'identifient fortement à l'image du père modèle. Ils voudraient être ces pères-là, mais les femmes, elles, voudraient qu'ils participent davantage : « Au quotidien, elles assument beaucoup de choses. Face à cette charge mentale et physique, elles ont l'impression que les hommes n'en font pas assez pour les soulager », remarque la psychologue et psychanalyste Sylviane Giampino.

Est-ce que l'instinct paternel existe ?

Il ne semble pas que l'on puisse véritablement parler d'instinct chez le père, mais plutôt d'un attachement qui se construit au fil des échanges avec l'enfant. Le sentiment paternel est réfléchi, conscient, à l'inverse de l'instinct maternel.

Pour que l'attachement du père se développe, encore faut-il qu'il soit encouragé par l'entourage. Il existe chez certains peuples, chez les Pygmées par exemple, un incroyable partage des tâches entre le père et la mère : la mère nourrit le bébé et le donne au père qui l'endort. En Occident, on accuse les mères de ne pas laisser le père intervenir. Contrairement à ce que prétendent souvent les psys, je ne crois pas qu'elles craignent qu'il prenne une place auprès de l'enfant. Mais il est vrai qu'elles considèrent trop souvent encore que les hommes font tout de travers, alors que ceux-ci établissent simplement avec leur enfant un mode de relation différent de celui des mères. Et la société, quelle place fait-elle au père à l'arrivée de l'enfant ?

Le jeune père n'a pas de lit à la maternité !

Tout le monde constate pour s'en réjouir que de nombreux pères sont maintenant présents à la naissance de leur enfant. C'est un progrès considérable par rapport aux décennies précédentes. Mais la réalité oblige à relativiser cet optimisme : il est fréquent que le père ait revêtu une blouse mais bien rare qu'on l'ait préparé à recevoir le nouveau-né. En tant que pédiatre, je n'interviens moi-même qu'au moment de la naissance, et je n'ai pas toujours la possibilité d'accomplir cette tâche.

Or je constate que la plupart des maternités ne préparent pas le père, ni pour assister à la naissance ni pour accueillir l'enfant : on ne lui a pas fait relever ses manches au-dessus du coude, on ne lui a pas fait laver ses mains et ses avant-bras chirurgicalement pour qu'il puisse recevoir son bébé dans ses bras. Cela est très révélateur de la position de simple observateur qu'on lui réserve. Beaucoup d'entre eux se cantonnent d'ailleurs à filmer ou à photographier la naissance. D'autres ne veulent pas entrer dans la salle d'accouchement juste au moment de l'expulsion, mais dans ce cas, il faut respecter leur pudeur. L'expulsion est un moment extrêmement violent y compris pour nous, professionnels, et l'on peut comprendre que certains hommes soient traumatisés dans leur imaginaire et dans leur sexualité avec leur compagne. Comme il est émouvant, en revanche, de voir un père prendre contre lui son nouveau-né enveloppé dans le champ stérile ! Il m'est souvent arrivé de me retirer du bloc opératoire où une maman avait subi une césarienne afin de laisser le père avec son nouveau-né. Il se permet alors quelques larmes d'émotion. C'est extrêmement beau, ce sanglot échappé devant la vision bouleversante d'un bébé encore visqueux qui entrouvre un œil vers celui qui sera son guide et son support pour la vie entière.

Et après la naissance ? Françoise Dolto s'insurgeait, il y a déjà trois décennies : « Quant au père, si son travail, l'éloignement de la maternité, le besoin qu'ont de lui les autres enfants lui permettent de rendre visite à sa femme, c'est à la sauvette, sans qu'on ait le temps de lui parler. Encore moins a-t-il le temps de faire véritablement connaissance avec le nouveau-né, son fils ou sa fille, objet du personnel hospitalier. Si l'enfant et la mère se portent bien, tous le félicitent, mais en réalité, c'est lui le plus frustré. »

Rien n'a changé en trente ans, malgré le constat de cette voix éminente. Il est bien rare que l'on puisse offrir un lit confortable au père dans la chambre de sa femme de telle sorte qu'il puisse participer à la découverte de son bébé, au lieu d'être réduit au rôle de visiteur de jour et de livreur de couches.

Nous avons beaucoup milité pour la présence du père pendant l'accouchement mais peut-être aurions-nous dû nous battre pour des chambres doubles, afin que le père puisse rester à la maternité les premières nuits, car sa présence à ce moment-là est aussi importante qu'à la naissance. Pourquoi les pères revendiquent-ils si peu la nécessité et le droit à un lit de couple pour la période postnatale ? L'enfant a été conçu à deux, mais dès l'arrivée de la femme à la maternité, on scinde le couple et on installe l'enfant seul avec la mère. Si l'homme accepte d'être mis à l'écart, c'est qu'il reconnaît que les soins au bébé relèvent du domaine exclusif des femmes. La même rigueur morale qui conduit à séparer le bébé de sa mère pendant la nuit, pour le coucher dans un berceau qui ne berce pas, a conduit à séparer le père de la mère. Craindrait-on qu'il reste dormir à la maternité pour avoir des relations sexuelles avec sa femme ? N'a-t-il, dans ce moment magique qu'est la naissance, qu'un rôle de copulateur évincé ? Ou bien celui d'un compagnon qui partage les émotions, les douleurs, les doutes de l'accouchée, qui accompagne les premiers mouvements, les premières respirations, les premières quêtes alimentaires du bébé ?

La création de chambres parentales en maternité permettrait une proximité charnelle plus précoce entre le père et son enfant, d'autant plus importante et nécessaire que le père n'a pas porté son bébé dans son corps. Il pourrait ainsi partager ses premières nuits, ses premiers pleurs et le sentiment d'amour entre eux se communiquerait plus rapidement. Ainsi le père se sentirait-il plus investi non seulement pour aimer son enfant, mais pour l'assumer sa vie durant, c'est-à-dire pour aider sa femme à être mère. Car il faut expliquer au père combien le bébé se perçoit comme une partie indistincte de la mère. C'est donc en protégeant celle-ci que le père protège l'enfant ; et c'est en la protégeant qu'il se fait aimer de lui.

Quand le père se transforme en « mère bis »

La participation du père aux soins physiques de son enfant influence elle aussi son engagement dans leur relation. Une étude australienne a comparé des enfants qui avaient été changés, baignés et bercés dès le début par leurs pères à un groupe témoin qui n'avait pas reçu ces soins. La relation père-enfant apparaît très différente dans les deux cas : les bébés changés et baignés par leur père se montrent à trois mois beaucoup plus communicatifs avec lui, ont moins de comportements d'évitement à son arrivée, et lui envoient des signaux positifs, le cherchant du regard, lui répondant rapidement par des sourires et des vocalises. Réciproquement les pères de ces enfants reconnaissent mieux que les autres les signaux qu'ils émettent et sont plus réceptifs à leurs témoignages d'affection.

Cette participation à l'application des soins prodigués va dans le même sens que l'accompagnement haptonomique tel que le prodigue Catherine Dolto-Tolich. La rencontre entre le père et le bébé, par le palper du fœtus à travers le ventre de la mère, implique le futur père dans le développement de son enfant. J'ai constaté combien les parents qui avaient bénéficié d'un suivi haptonomique étaient plus solidaires, les pères plus concernés par les années qui suivaient la naissance. Est-ce parce que le choix de l'haptonomie révèle une implication préexistante, ou est-ce grâce à l'haptonomie elle-même ?... Quoi qu'il en soit, le profil paternant des pères qui la pratiquent est évident. Non seulement ils sont plus impliqués et plus sensibles que les autres aux messages envoyés par leur bébé, mais au cours de la période de développement de l'enfant qui va de un à trois ans, la plus critique, celle des colères, des réveils nocturnes, de la soif permanente d'activités et de découvertes, ils se montrent beaucoup plus tolérants, réceptifs et compréhensifs. Il est fréquent, surtout pendant cette période, que les couples se fragilisent, la mère étant tiraillée entre son conjoint et les demandes de son enfant ; la complicité et la compréhension du père ne peuvent alors qu'être bénéfiques au trio.

Cependant, si le courant idéologique en faveur des « nouveaux pères » souligne à juste titre l'importance de l'implication du père dans les soins, je tiens à préciser que la place du père est loin de se réduire à celle d'une « mère bis ». Une telle conception semble pourtant devenue populaire, si j'en crois les propos de certaines femmes : « Je n'allaite pas pour que mon mari puisse donner des biberons », me disent-elles. Or le rêve de bébé n'est pas d'avoir deux mères, mais de se lover entre les bras de sa mère et de sentir que son père les entoure tous deux de sa présence protectrice.

Il faut cesser de vouloir à tout prix convertir les pères en pères maternants. Cette tendance actuelle est tout à fait ridicule et dérisoire. Le rôle du père est de protéger la mère, de la valoriser en tant que mère et en tant que femme. Il faut que chacun ait sa place. Pour l'enfant, le meilleur des papas est celui qui aime et qui protège... maman ! Je l'entends tous les jours de la bouche des petits qui sont en âge de s'exprimer. Si les parents se perçoivent comme des rivaux dans l'un des rôles, si le père se veut aussi maternel que la mère, cela peut brouiller les identités pour l'enfant. Les pères qui veulent être pères tout en dénigrant ou ignorant la mère courent à leur perte. Dolto était radicale à ce sujet : « Il est dans l'ordre des choses qu'un père ne s'occupe pas de son enfant bébé, ce n'est pas le rôle d'un homme. C'est lorsque l'enfant atteint l'âge de la marche, à dix-huit mois, que les hommes normalement virils commencent à s'occuper de lui. Ceux qui s'occupent des bébés sont généralement en grande partie marqués de féminité et pour ainsi dire jaloux que ce soit les mères les porteuses. » Donald Winnicott concédait que les pères pouvaient être de « bonnes mères » à condition qu'ils assument ce rôle pendant des périodes limitées. Mais il soulignait que leur responsabilité était de protéger la mère et le bébé « contre tout ce qui tend à s'immiscer dans le lien existant entre eux, ce lien qui constitue l'essence et la nature même des soins maternels ». Vous l'avez compris, la mère a besoin d'être livrée à l'interaction instinctive, et le rôle du père est de la protéger de tout ce qui pourrait nuire à sa tranquillité avec le bébé. Soutenue par un compagnon compréhensif, elle peut alors se concentrer sur l'enveloppe qu'elle forme et au centre de laquelle se trouve son enfant. Son lien avec lui est si puissant les premiers mois qu'il est naturel qu'il constitue son seul souci. Loin d'en être jaloux, le père vivant sa paternité avec maturité sera heureux de former une enveloppe complémentaire protégeant leur duo.

Comprenons-nous bien : je ne veux pas dire que le père ne peut pas accomplir les mêmes soins au bébé que la mère. La chose la plus ancrée chez les hommes, c'est cette idée absurde que toutes les tâches subalternes doivent être effectuées par les femmes. Ou, à l'inverse, que lorsqu'une femme fait quelque chose, cela devient une activité subalterne. Je pense plutôt que le partage des tâches doit se faire ainsi : pendant les premiers mois du bébé, le père dégage la mère du travail domestique pour lui permettre de se concentrer sur les besoins du bébé. Puis, au fur et à mesure que celui-ci s'active, devient joueur, le père lui consacre des moments libérant la mère des demandes permanentes de l'enfant.

Est-ce à la mère de faire une place au père ?

Nous avons vu que, du fait de la puissance de son instinct, la mère était la première planète dans laquelle le bébé aimait se trouver blotti. Le père, lui, protège cette bulle. Cette situation va durer plusieurs mois. En effet, comme le disait Winnicott, rejoint en cela aussi par Dolto : « On ne peut pas affirmer qu'il soit bon dans tous les cas que le père apparaisse tôt [...] Les mères peuvent faire entrer leur mari en scène si elles le désirent. »

Conformément à ces propos, on pense généralement qu'il dépend entièrement de la mère que le père puisse prendre sa place et jouer son rôle. Au début en effet, c'est par sa mère que l'enfant prend conscience de son existence. Lorsqu'il pleure, sa mère le rassure : « Elle est là, maman ! » « Elle est là », donc « je suis là », donc « moi avec elle » « je suis moi ». De la même façon, c'est elle qui introduit le père : « Voilà papa ! Viens avec papa ! Tu vas jouer avec papa ! » L'enfant élargit alors son espace, dont elle était le centre. Selon l'expression de Françoise Dolto : « De maman-isé, l'espace de l'enfant devient maman-papa-isé. » Un tiers est entré dans la relation, le père introduit par la mère. Cette théorie a été soutenue jusqu'à ce que d'autres, plus récemment, affirment que la présence réelle du père n'est pas indispensable s'il est correctement et suffisamment présent dans les pensées et les préoccupations de la mère. Mais il me semble que c'est faire dépendre complètement la place du père de la mère, et par là même ne pas tenir compte de la spécificité de son rôle.

Dans le même temps, d'autres voix ont beaucoup reproché aux femmes d'être possessives et de ne pas vouloir investir le père de sa fonction. Or une telle folie de toute-puissance ne correspond pas du tout à ce qui ressort des entretiens quotidiens que j'ai avec les mères. Les femmes, qui trouvent aujourd'hui légitime l'établissement d'une parité professionnelle et politique, acceptent de partager leur pouvoir parental et domestique. Qui plus est, elles sont nombreuses à se plaindre de la faible participation des hommes dans ce domaine, comme nous l'avons vu apparaître dans les enquêtes sociologiques portant sur les nouveaux pères.

Il peut bien sûr arriver qu'elles aient du mal à faire des concessions au père : quand leur culpabilité par rapport à l'enfant est trop grande. C'est ce qui survient lorsque la mère a été blessée dans son passé, lorsqu'elle veut réparer les blessures de son enfance par les soins qu'elle pratique. Mais c'est justement là que le compagnon doit jouer son rôle. Une mère ainsi marquée par des blessures enfantines a d'autant plus besoin d'être valorisée dans son rôle et assurée de la confiance de son compagnon dans ce domaine. Il lui sera alors beaucoup plus facile de le laisser entrer dans la relation étroite qu'elle entretient avec son enfant et cette dernière, progressivement, pourra devenir triangulaire. J'ai pu observer combien le compagnon qui sait protéger la bulle maman-bébé y est ensuite plus facilement introduit, plus facilement invité.

Je dois faire part aux hommes de l'angoisse des femmes concernant la déformation de leur corps et leur inquiétude de perdre leur pouvoir érotique. J'ai connu plusieurs jeunes femmes qui ont été trompées par leur mari aussitôt après la naissance de leur enfant. C'est là une blessure de l'image que la mère a d'elle-même qui risque d'être profonde et a bien du mal à cicatriser. Car dans la période postnatale de baby-blues, la femme a perdu son image corporelle. Elle se demande si son abdomen distendu et flasque, ses seins gonflés, son périnée déchiré (pouvez-vous l'imaginer, messieurs ?) retrouveront un jour leur forme et pourront vous plaire. Toutes les jeunes mères redeviennent désirables ; il faut juste un peu de temps. Mais, si le jeune compagnon se montre impatient, s'il n'y croit pas et se tourne vers d'autres corps fermes et sveltes, la femme se sentira niée dans son existence de mère et ne pourra investir cet homme d'une véritable puissance paternelle. Comme me le disait l'une d'elles, « s'il humilie la mère de son enfant à peine né, comment pourrait-il être un bon père ? ».

Nous l'avons vu, la préoccupation immédiate de la jeune mère n'est pas de retrouver sa silhouette d'avant la grossesse. Son compagnon l'aidera à partir du quatrième mois après la naissance, en suivant par exemple avec elle des séances de thalassothérapie ou de kinésithérapie, en l'aidant à s'habiller et se maquiller, en lui offrant des fleurs. Grâce à ces gestes, à ces menus compliments, la femme sent qu'elle retrouve sa capacité érotique. Elle en éprouve de la gratitude et se sent soudée à cet homme qui la régénère. Il est évident que la mère qui se sent gratifiée, non seulement comme mère, mais aussi comme femme, favorisera spontanément les relations entre l'enfant et le père. Elle pourra d'autant mieux envoyer le bambin se promener avec son mari, quand bien même elle aurait tant envie de sortir seule avec ce dernier.

L'heure vient alors de mon « ordonnance complicité[1] » :

— dînez dehors, une fois par semaine, en tête à tête, parce qu'à la maison vous risquez de vaquer à vos occupations domestiques au lieu de vous parler vraiment. En tête à tête pour pouvoir parler plus intimement de vos problèmes professionnels, de vos états d'âme, de vos sentiments, ce que vous ne pouvez pas faire lorsque vous dînez avec des amis ;

— passez un week-end par mois à deux jusqu'à ce que votre bébé ait six mois ;

— réservez, ensuite, une semaine par semestre de vacances conjugales.

Le reste du temps, vous vous consacrerez vraiment, tous les deux, à votre enfant.

Vous ne pourrez probablement pas suivre cette ordonnance à la lettre, mais voilà en tout cas de quoi vous déculpabiliser si vous ressentez le besoin d'être un peu seuls, tous les deux, alors que vous aimez tant votre petit.

Au lieu de se demander par quels moyens la mère peut introduire le père auprès de leur enfant, mieux vaut donc souligner combien la complicité partagée avec un compagnon qui la protège poussera naturellement l'enfant dans les bras de celui-ci. Encore faut-il ne pas se montrer trop impatient et respecter les étapes qu'instinctivement la femme ressent. Il est normal, je n'insis-

---

1. Cf. E. Antier, *Élever mon enfant aujourd'hui*, Robert Laffont, 2001.

terai jamais assez là-dessus, que la plupart des mères soient fusionnelles les premiers mois ; petit à petit elles écarteront leurs bras qui prennent soin de l'enfant pour inviter le père, le calendrier de cette ouverture progressive dépendant des signaux qu'elles perçoivent de la part de l'enfant et du père. Je m'insurge donc contre les théories aujourd'hui si écoutées prétendant que les mères seraient pour la plupart guidées par l'envie d'un monopole sur leur enfant.

Maman berce et papa chatouille

« La mère est aux affaires et papa aux jeux », dit le pédiatre américain T. Berry Brazelton, et j'adhère tout à fait à ces propos. Comprenez que, pour un bébé, la mère réconforte et le père stimule. En filmant des pères et des mères en train de langer leurs bébés, on a observé une nette différence entre les deux sexes, tant en ce qui concerne le tonus musculaire de chacun d'eux que la nature de leur relation avec le nourrisson. Une maman a des gestes enveloppants, tandis que le change fait par le père se déroule comme une véritable petite partie de foot. C'est un jeu qui n'exclut pas une mise en situation parfois extrême, la mère venant volontiers protester : « Fais attention ! Tu le tiens mal ! » Je rassure les mères, je n'ai jamais vu un père, même joueur, casser la tête d'un bébé... Mais il est vrai que la mère est plus efficace pour réconforter que le père qui a avec l'enfant des gestes excitants le poussant au mouvement. Les mères sont plus visuelles et ont facilement recours à la communication verbale ; les pères sont plus tactiles et plus ludiques. Dès sa naissance, le bébé perçoit la différence entre l'intervention de chacun de ses deux parents.

On a également comparé la façon dont les pères et les mères appelaient leur bébé de trois mois. Alors que les mères ont couramment recours au « mon petit bébé », les pères utilisent plus souvent le prénom de l'enfant, surtout lorsqu'il s'agit d'un garçon, anticipant ainsi sur l'éducation de l'enfant en tant que personne. D'une façon générale, cette anticipation caractérise leur intervention. À neuf mois, ils favorisent l'autonomie motrice du bébé, l'incitant à ramper, à marcher, lui lançant des défis, l'encourageant à dépasser ses possibilités motrices. Dans le jeu, le père se pose en adversaire ou en arbitre qui définit les règles et détermine le gagnant et le perdant. Il introduit tôt les notions d'aventure et de débrouillardise. Ce rôle ludique et tonifiant prépare l'enfant à s'adapter socialement. Tandis que la mère est raisonnable, respectant des règles de vie préétablies, le père apportera à la maison des jeux qui transgressent ces règles. Tout le monde a assisté à un match de foot entre le père et son petit dans le salon... et aux cris de protestation de la mère qui craint quelques dégâts. L'enfant rit de ces désaccords parentaux, mais se prépare de cette façon aux jeux de sa future cour de récréation et aux comportements parfois un peu absurdes que l'on rencontre dans les groupes. Cette stimulation est importante : un enfant élevé par une mère seule aura tendance à être désemparé plus qu'un autre parce que le monde extérieur n'est pas toujours aussi logique que l'était maman.

Le père est-il l'instrument nécessaire de la séparation mère-enfant ?

Puisqu'on culpabilise les mères de ne pas ressentir assez tôt l'envie d'une séparation d'avec leur tout jeune enfant, vous ne serez pas étonné qu'une doctrine consensuelle se soit dégagée chez les psychologues, affirmant que le père joue un rôle déterminant dans la séparation de la mère et du bébé. « Le père est celui qui dit non, aussi bien à l'enfant qu'à la mère, qui introduit de la négativité, qui nomme l'interdit, c'est-à-dire la limite du possible. »

Il n'est pas question pour moi de remettre en cause l'importance du père et sa nécessité pour que la fusion mère-enfant ne se prolonge trop longtemps. Le problème que je veux souligner est que l'on fait intervenir cet enjeu beaucoup trop tôt dans la vie de l'enfant. On n'installe pas le nouveau-né dans la chambre parentale et on attend du père qu'il signifie l'interdit, comme si le complexe d'Œdipe se jouait à l'âge où le bébé est encore allaité ! La fusion originelle doit être respectée tant que la mère en ressent la nécessité. Rassurons-nous, quatre-vingt-quinze pour cent des jeunes femmes aspirent à retrouver une vie de femme auprès de leur compagnon. Il suffit que le père intervienne la troisième année : c'est à ce moment-là, en effet, que l'enfant a besoin de comprendre que sa place n'est pas dans la fusion avec sa mère, qu'il n'est pas le conjoint de celle-ci, que le père est là pour former le couple parental. C'est l'harmonie et la complicité qui existent entre la mère et le père qui permettent à ce dernier de jouer le rôle séparateur tout à fait naturellement. Progressivement, l'enfant découvre que la mère ne répond pas toujours à ses appels, occupée qu'elle est à répondre à ceux de son conjoint. Au fur et à mesure qu'il grandit, il constitue de moins en moins le centre exclusif des intérêts maternels et comprend que son père et sa mère forment un couple amoureux, dont il est issu. C'est vers l'âge de sept ans qu'il réalise qu'il ne peut pas être le mari de maman ou la femme de papa et qu'ayant résolu le complexe d'Œdipe, il trouve sa place définitive. Il renonce alors à considérer sa mère comme un objet sexuel et place ses parents sur un plan non érotique, rendant possibles des rapports de tendresse d'où le désir de fusion disparaît.

Le père est séparateur, c'est indéniable. Il y a quelques années, je demandais à des femmes africaines de diverses origines comment se décidait la date du sevrage. Je m'attendais à ce que cela dépende des contrées et des tribus. Mais la plupart d'entre elles me dirent : « C'est quand le père le décide ! » Reste que la parole séparatrice du père sera d'autant mieux acceptée de la femme qu'il se sera montré compréhensif, attentif et amoureux de sa compagne.

Ainsi les hommes doivent-ils se préparer à la nécessité d'une période d'abstinence sexuelle après la naissance, ou plus exactement de respect de la femme, qui va connaître un temps de moindre désir. On ne peut pas en effet parler d'une absence totale de désir ou de frigidité à son sujet, mais d'un besoin de complicité tendre. Averti, le compagnon ne sera pas tenté d'aller se consoler de son dépit auprès d'une autre femme, mettant en danger la jeune mère et le couple. Il pourra, par des caresses délicates, des attentions, des cadeaux, préparer un retour serein à la vie sexuelle... alors qu'une inquiétude qui le pousserait à réclamer son dû prolongerait au contraire le refus physique de la jeune mère. Ces remarques peuvent paraître évidentes, mais il y a souvent un grand désarroi chez les jeunes pères, angoissés du retour de leur femme à une vie sexuelle normale. Non qu'ils aient vraiment des pulsions incontrôlables ; ils sont simplement très anxieux de s'assurer de la pérennité de leur place de conjoint. Or, c'est ce retour serein aux relations sexuelles, l'envie de petits déjeuners au lit prolongés, d'un dîner en tête à tête, qui permet au bébé de prendre conscience qu'il n'est pas fondu dans sa mère, que celle-ci a une relation puissante et d'un autre ordre avec son père. La relation triangulaire mère-père-enfant prend donc forme, sans que le père ait à imposer une séparation brutale, parce que précoce et étrangère au sentiment naturel.

Au cours des neuf premiers mois de sa vie, le nourrisson devient petit à petit capable d'avoir des conduites adaptées à chacun de ces deux partenaires privilégiés. Plus le père s'est impliqué non seulement auprès de l'enfant mais surtout auprès de la mère, plus l'enfant sera en mesure de partager ses sentiments avec chacun de ses parents. Le duo devient alors trio.

Je déplore les schémas dogmatiques qui prescrivent au père un rôle maternant de « papa-poule » pendant les premiers mois, puis, très tôt, un rôle séparateur et autoritaire. On peut de nos jours parcourir des livres entiers sur le rôle du père, écrits par des psychologues renommés, sans lire un seul chapitre soulignant l'importance pour l'enfant de la présence paternelle auprès de la mère. C'est par le soutien affectueux qu'il apporte à sa femme que le père agit sur le développement de son enfant. Son action est indirecte, certes, mais c'est ainsi qu'elle est le plus puissante. Les hommes qui considèrent qu'une fois devenue mère, leur femme n'est plus une femme mettent non seulement leur couple mais également leur fonction paternelle en danger.

Le père représente-t-il l'autorité ?

« La fameuse violence de certains adolescents ne conduit-elle pas à nous interroger sur la façon dont les mères ont élevé ces chers petits ? De fait ces bébés-objets de femmes seules, qui ne les sanctionnent pas et ne les frappent jamais, ayant toujours peur qu'ils se sentent mal-aimés, deviennent souvent à l'âge de douze ou quatorze ans des adolescents difficiles qui ont pris l'avantage sur les adultes. »

L'accusation extrêmement grave portée ici par Christiane Oliver ne fait qu'exprimer le discours général : les mères d'aujourd'hui s'interposeraient entre l'autorité du père et l'enfant, et seraient de ce fait responsables de la montée de la violence. La psychologie actuelle met l'accent sur le délitement de la fonction paternelle et l'incapacité des pères à jouer leur rôle d'interface entre la famille et la société. Or ce n'est pas du tout ce que j'observe depuis trente ans.

Nombreuses sont les mères qui se plaignent que les pères ne les soutiennent pas dans leur effort d'autorité, qu'ils ne se fâchent pas lorsque les enfants se battent, ne font pas leurs devoirs et transgressent les interdits. Ainsi, non seulement les mères sont souvent plus autoritaires que les pères, mais elles expriment là une conception du rôle du père qui ne me paraît pas tout à fait juste. Le rôle du père n'est certainement pas de se mettre à crier ou à taper en rentrant à la maison.

Les « pères fouettards » ne sont pas les meilleurs papas. Embarrassés par une intimité grandissante avec les enfants, les hommes ont plus de difficultés qu'autrefois à exercer l'autorité paternelle. Ils sont de plus en plus nombreux à ne pas vouloir l'imposer sous son aspect traditionnel : ils n'ont plus recours au droit de correction attribué au chef de famille par le code napoléonien et préfèrent se montrer affectueux et complices avec leurs enfants. « Nous ne voulons plus faire la police, nous les hommes ! Parfois je m'en veux, je me reproche d'être mou, mais je me rassure en me disant que la place des hommes a changé. On ne peut plus être père comme avant. »

Comme nous l'avons vu, lors des premières années de la vie, c'est le père, puisqu'il ne vit pas la grossesse ni l'accouchement, qui sépare la mère du jeune enfant ; c'est lui qui pose l'interdit de l'inceste et permet ainsi la résolution de la crise œdipienne. Il est le porte-parole de cette loi fondamentale. Si le père ne signifiait pas clairement que « maman est l'amoureuse de papa », l'enfant resterait à jamais prisonnier de la tentative d'une séduction incestueuse, et demeurerait donc dans l'indifférenciation et le mélange. « Le fils ne peut devenir adulte, puis père à son tour, que lorsqu'il a intériorisé cette loi », explique Noussa Nabati, psychanalyste, auteur de *Un père, à quoi ça sert ?* C'est la raison pour laquelle les pères ne peuvent pas s'effacer, s'en remettre entièrement aux femmes pour faire acte d'autorité. Mais encore faut-il s'entendre sur les termes : l'autorité n'est pas l'autoritarisme, ni le machisme.

Plusieurs études confirment que les parents affectueux et compréhensifs, ceux qui expliquent clairement l'importance de la bonté et insistent sur le respect des droits d'autrui, ceux qui essayent d'inhiber les conduites agressives, ont des enfants attentionnés et secourables. Comme on peut s'y attendre, les rejetons de parents violents vivent eux aussi des relations perturbées et violentes, quel que soit le type de violence qu'ils aient subi. Une étude menée sur 800 familles, pendant huit ans, par des pédiatres américains, a montré que plus l'enfant reçoit de châtiments corporels, plus il est sournois, menteur, agressif et en situation d'exclusion scolaire ! Les propos sadiques et dépréciateurs d'un père détruisent l'estime de soi et donnent naissance à de nombreuses névroses tels la phobie de réussite, le comportement pervers, etc. Les enfants maltraités, eux, n'aident pas facilement un des leurs en détresse et deviennent la plupart du temps des adultes sinon agressifs, du moins indifférents. La gifle doit donc rester un geste rarissime et non servir de recette éducative. Que l'on soit père ou mère, d'ailleurs. Quant aux sévices psychologiques, plus difficiles à identifier, ils sont encore plus dévastateurs sur le psychisme d'une jeune personne.

La différence entre autorité et autoritarisme est valable pour la mère comme pour le père : Grazyna Kochanska, de l'université de l'Iowa, a étudié ces deux types de discipline d'un groupe de mères. Les enfants de cinq ans ayant une mère « qui a de l'autorité » ont moins de problèmes comportementaux et obéissent plus facilement aux règles que ceux dont la mère est « autoritariste ». La mère qui a de l'autorité influence le comportement de son bambin en lui donnant des instructions claires. Elle lui communique ses attentes et met l'accent sur les instructions positives plutôt que sur les interdictions. Les mères autoritaristes, en revanche, se montrent plus directives et plus négatives. Supposons un bébé de dix-huit mois qui veut absolument jouer avec les touches de votre magnétoscope. Deux attitudes sont possibles :

— Vous lui dites « Non ! », et vous lui donnez aussitôt un jeu qui l'intéresse, vous jouez avec lui, tout en fermant le meuble de télévision à clé. L'interdit sera vite fixé dans l'esprit de l'enfant.

— Vous lui dites « Non ! » en tapant sur sa main, en lui demandant de ne pas être « méchant », « désobéissant ». Puis vous l'abandonnez face à cette merveille de technologie qu'il rêve de découvrir, sans rien lui proposer d'autre. Votre enfant repartira à l'abordage du magnétoscope. Et il retiendra qu'il est un enfant désobéissant, décevant pour ses parents. Dès lors, plus vous le gronderez, plus il s'enfermera dans le rôle de l'affreux jojo et vous provoquera durement !

De la même façon, j'entends bien des pères expliquer à leur garçon qu'il doit « apprendre à se défendre », en particulier lorsque le jeune enfant revient marqué de coups. Est-ce une bonne méthode pour se faire respecter que de rendre les coups ? Les coups appellent les coups, les bagarreurs recherchent les bagarreurs, et tomberont à plusieurs sur votre enfant s'il s'amuse à leur faire face. Les adultes n'ont-ils pas abandonné leur devoir de surveillance en cour de récréation ? Je connais quelques directeurs de primaire qui convoquent l'enfant agressif, mais ils sont trop rares. La théorie la plus répandue consiste à dire que chacun doit se défendre. Ainsi la violence commence-t-elle aujourd'hui à la maternelle, encouragée par les maîtres, et les pères, influencés par un discours musclé !

Pour faire preuve d'autorité, parents ou enseignants ont parfois recours à l'humiliation, ou à la honte. Or cette méthode ne devrait jamais être utilisée délibérément. Une honte répétée risque non seulement d'inhiber le comportement interdit, mais aussi les sentiments de bonheur et d'estime de soi. Au terme de ces analyses, il apparaît donc que la capacité d'un enfant à tempérer son comportement se développe plus sûrement quand l'éducation s'appuie sur l'incitation morale et les raisonnements plutôt que sur des expressions de pouvoir.

La responsabilité de la crise de l'autorité qui se traduit par une aggravation de la violence, en particulier à l'école, ne doit pas être attribuée prioritairement aux parents. Il faut cesser de se répandre sur l'incapacité des pères à jouer leur rôle d'interface entre la famille et la société. La définition de la fonction du père en termes de réponse aux besoins d'autorité se révèle beaucoup trop réductrice au regard de la psychologie du développement de l'enfant.

Quel est alors le rôle et le sens de l'autorité du père dans la famille ? Ann et Richard Barnet ont étudié l'empathie chez les enfants, c'est-à-dire la faculté à se mettre à la place de l'autre. Il en ressort que cette qualité est étroitement en rapport avec l'éducation reçue pendant les premières années. « L'empathie est fabriquée par un type d'éducation parentale où les parents attendent des enfants qu'ils soient réceptifs à leurs exigences, mais où réciproquement les parents se veulent réceptifs aux demandes raisonnables de leurs enfants. Les analyses indiquent que l'engagement actif du père envers l'enfant constitue un facteur important de l'empathie adulte. » Voilà de quoi faire réfléchir ces nombreuses familles où le père est absent. Ce que les parents transmettent par leur propre comportement et leur enseignement influence les réponses empathiques de leurs enfants et leur empressement à aider. Les adultes empathiques ont, pour la plupart, bénéficié d'une éducation qui fait autorité d'une façon positive.

Ainsi, un père compréhensif, respectueux des demandes de son enfant, tout en lui opposant des limites justes, l'aide à se construire sur un mode positif et solidaire d'autrui. C'est là un apport essentiel car la race humaine n'aurait sûrement pas survécu sans altruisme. Pourtant notre siècle n'accorde pas à l'altruisme l'importance qui lui revient dans le comportement humain.

Certains psychologues partent de l'hypothèse que les humains naissent avec une disposition biologique à comprendre et à adopter des normes. Les bébés de deux ans montrent qu'ils ont déjà intégré les règles parentales. Il a été prouvé que les jeunes enfants sont capables de se former une représentation mentale de ce qui est correct, harmonieux et convenable. Ils cherchent alors en permanence à évaluer les objets et les comportements par rapport à une norme dont l'empreinte est donnée par les adultes maternants. Ainsi, quand un enfant est prêt à aller à l'école, il a acquis, grâce aux relations avec les personnes qui prennent soin de lui, des notions morales qui façonneront toute sa vie.

Je voudrais aussi souligner combien il est important que le père signifie à l'enfant qu'il reconnaît le rôle de la mère. J'ai dit combien est déstabilisée dans ses fondations une société où les mères ne sont plus sacrées, où les adolescents et les jeunes adultes se mettent facilement en rupture violente avec leur propre mère. Le père qui ne se pose pas en rival de la mère, mais en compagnon amoureux et valorisant de celle-ci, joue un rôle fondateur pour son enfant. Cette attitude peut s'exercer d'autant mieux que le couple reste uni, mais peut aussi perdurer si les parents savent demeurer amis malgré une séparation. Il est d'ailleurs tout à fait édifiant de voir que, statistiquement, les enfants violents ne sont pas plus souvent issus de parents séparés et de foyers monoparentaux féminins que les enfants qui ne commettent pas d'actes violents.

V

Bébé garçon, bébé fille, une expérience différente

Les travaux relatifs aux interactions parents/enfants permettent d'affirmer que la façon dont les parents traitent leurs jeunes enfants est largement dépendante du sexe de ces derniers. Les pères exercent plus de contraintes que les mères sur leurs enfants pour provoquer des conduites différenciées selon que ceux-ci sont des garçons ou des filles. Ils ont tendance à considérer les premiers comme plus forts et plus robustes, à les toucher souvent, à encourager leurs jeux physiques et leurs explorations, tandis que les secondes sont encouragées dans le sens de l'expressivité, des relations, voire de la dépendance. Les pères apparaissent donc comme des agents de socialisation sexuée plus puissants que les mères. Ils induisent plus de différenciation entre les garçons et les filles que ne le font leur compagne.

Ce penchant des pères à une éducation plus sexiste se confirme lorsque l'enfant grandit. Non seulement ils encouragent les garçons aux jeux physiques, mais ils les pousseront vers des sports supposés plus virils. Au terme des quatre années de collège, les pères considèrent qu'un garçon qui a 12/20 en math est bon et doit être orienté vers la filière scientifique ; les mêmes résultats chez la fille seront jugés tout à fait moyens, et elle sera dirigée vers une filière littéraire.

Mais il faut préciser que plus les pères sont proches de leurs enfants dès le premier âge pour des raisons personnelles diverses, chômage ou congé parental, moins leur démarche éducative est sexuée. Ils ont alors tendance à considérer le garçon et la fille de la même façon et à les intéresser aux mêmes acquis sociaux et culturels. Ils comprennent mieux leur fille et agissent d'une façon beaucoup plus réfléchie. Réciproquement, lorsque les pères s'occupent de leurs enfants très tôt, cela a une immense influence sur leur propre comportement social ; ils deviennent plus tolérants et plus pacifiques.

C'est pourquoi j'encourage les jeunes pères à s'occuper de leur compagne dès la grossesse. La mère a aussi à la naissance un comportement en partie déterminé par le sexe de son enfant. Or c'est le regard qu'elle porte sur son bébé et les mots qu'elle lui dit qui lui confèrent son identité sexuelle. Si vous êtes très heureuse d'avoir un petit garçon, si vous annoncez fièrement à vos visiteurs : « Oui c'est un fils, voilà Victor ! » et si vous l'appelez « mon petit garçon chéri... », il se percevra résolument comme un garçon. Mais si, au contraire, vous êtes profondément déçue, car, inconsciemment ou consciemment, vous désiriez une fille, et si vous ne prononcez pas facilement son prénom... il se percevra comme un bébé de sexe psychologiquement ambigu. On comprend donc que les fantasmes de la mère autour du bébé imaginaire (elle voulait un garçon, ou une fille) orientent les premières perceptions de soi du nouveau-né en tant qu'être sexué.

Une mère qui fait la toilette de son bébé mâle peut ressentir certaine étrangeté. D'autant que ses organes génitaux sont gonflés à la naissance par les hormones maternelles et paraissent très volumineux en proportion du corps du petit bébé. S'il sent votre réaction, s'il vous devine hésitante pour la toilette de ses organes génitaux, votre bébé aura dès la naissance un vécu plus ou moins précis de sa position sexuelle. Or il faut changer le siège du nouveau-né au moins six fois par jour, relever son sexe et en nettoyer les plis. L'attention portée par la mère au sexe de son nourrisson est plus riche que celle portée au reste de son corps qui, lui, n'est baigné qu'une fois par jour. La petite fille, elle, a un pubis lisse et neutre, un sexe familier à la mère, que celle-ci se sent plus experte à nettoyer. Dès le début, mère et fille seront ainsi plus disposées à entrer en communication par le regard et le langage. Peut-être est-ce l'une des raisons pour lesquelles les filles parlent plus précocement que les garçons. La transmission des affects de la mère à la fille se fait de façon plus immédiate, plus naturelle. Qu'elle en ait conscience ou non, qu'elle s'avoue avoir ou non désiré le sexe de l'enfant nouveau-né, la mère peut plus facilement se projeter sur sa fille que sur son garçon. Elle peut éprouver face à celui-ci un sentiment de valorisation, de compensation du sexe qu'elle n'a pas, mais sa relation avec lui sera différente : de son fils, au corps si différent du sien, elle se sentira forcément distante. L'enfant mâle est souvent pour la mère, comme l'a découvert Freud, le sujet idéal qui compense sa propre absence de pénis. Elle fera donc une fixation particulière à ce corps qui possède ce qui lui manque. En même temps, elle évitera toute dérive incestueuse en se posant des interdits inconscients. Les soins qu'une mère prodigue à son garçon autorisent donc une moindre communication que ceux donnés aux filles. Cela ne signifie pas que la mère est moins aimante, moins disponible aux soins, mais que la relation avec son fils ne sera jamais de même nature que celle qu'elle entretient avec sa fille.

L'implication des pères dans les soins a-t-elle une influence sur le développement du petit garçon ? Plusieurs études ont déterminé que, si les garçons bénéficiaient de contacts fréquents avec leur père, ils se montraient, dès l'âge de six mois, plus performants sur le plan de la vocalisation, du contrôle de la préhension, et de la coordination entre le regard et la préhension que ceux qui avaient été privés de la présence continue de leur père. On peut cependant se demander avec Jean Le Camus « si c'est la présence du père aux côtés du bébé, ou la présence du père aux côtés de la mère, qui donne confiance en soi au garçon »... Car nous avons vu combien était grande l'influence du père qui sécurise et qui valorise la mère.

S'il est évident que la mère sent les choses différemment selon que son enfant est une fille ou un garçon, je ne peux suivre les extrapolations de certains qui prêtent un pouvoir abusif aux mères sur le devenir sexué de leur progéniture. Naouri affirme même que la mère détermine par la seule force de son psychisme le sexe de son enfant in utero, refusant de faire une fille lorsqu'elle a peur que celle-ci ne lui soit pas assez soumise, ou lorsqu'elle est elle-même en révolte avec sa propre mère : « Elle avait ses quatre garçons, et encore n'eus-je aucune précision sur le sexe des fœtus avortés. Quatre garçons, quelle insistance ! Que réglait-elle ? Avait-elle tant à régler avec sa mère ? Et cela donne-t-il un sens à ce qui s'est produit avec son malheureux quatrième ? [...] Elle a donc fait des garçons, seule signature de sa révolte. » Nous serions toutes des quasi-sorcières, capables de déterminer le sexe de notre enfant afin de régler nos comptes, et même de lui accorder ou non le droit de naître. Cette théorie non seulement ne me semble absolument pas conforme à la sensibilité et à la réalité des mères, mais est extrêmement pernicieuse, car on lit entre les lignes une invite à la rupture entre les filles et les mères.

Or moi qui écoute des confidences de femmes tous les jours dans mon cabinet, je peux dire que les mères d'aujourd'hui ne rêvent absolument pas que leurs filles les imitent en tout. Elles espèrent simplement leur épargner leurs propres erreurs. Et les pères ont le même vœu ; c'est ainsi qu'on élève un enfant ! Trop de psys invitent les filles à la rupture avec leur mère et prennent là une grave responsabilité. Car si la crise entre une fille et sa mère est salutaire, la césure totale est déstructurante pour la première, et dramatique pour la seconde. Or tout en expliquant aux filles qu'il ne faut pas renier leur mère, les psys autorisent l'expression de fantasmes tellement négatifs que le reniement est inéluctable. Là encore, le rôle du compagnon de la jeune mère est précieux. S'il cherche à apaiser le conflit entre sa femme et sa belle-mère, il protégera leur enfant de ces ruptures si fréquentes aujourd'hui dans la transmission transgénérationnelle. Le culte des ancêtres tel qu'il est pratiqué en Asie devrait nous rappeler qu'il y a des âmes errantes au-dessus de nos têtes, des fantômes dans les nurseries. Apprendre à les retrouver, à les tolérer, faisait partie de la dernière mission de mon maître Serge Lebovici. L'aide à la parentalité passait, selon lui, par la réparation du lien entre les générations.

Ainsi, les bébés ne sont pas neutres. Leur sexe conditionne le comportement envers eux de leur mère – et de leur père – dès la naissance.

VI

On dit bien « langue maternelle » !

Le langage est particulièrement révélateur de la communication instinctive qu'une mère établit avec son enfant. La langue dans laquelle vous pensez, rêvez, et parlez le plus spontanément est votre langue maternelle. Nous allons voir comment, en parlant à votre enfant, vous l'introduisez dans le monde, vous l'individualisez et lui donnez son identité psychique. Nous aborderons aussi le rôle de la communication paternelle.

Bi ou trilingues de naissance

À peine nés et bien avant de prendre conscience qu'ils ont des pieds, les enfants tendent leurs oreilles, leurs yeux, leur bouche pour communiquer. On les sent impatients de comprendre et d'acquérir leur langue maternelle.

À leur arrivée au monde, les bébés peuvent apprendre toutes les langues, l'anglais comme le français, le japonais comme le turc. La vitesse et la précision avec laquelle ils parviennent à maîtriser l'extraordinaire complexité d'une langue, quelle qu'elle soit, est surprenante. Les expériences faites sur les capacités de discrimination des phonèmes chez les nouveau-nés montrent qu'ils sont bien plus compétents que nous pour distinguer les sons d'idiomes différents. Mais si l'enfant naît donc avec une compétence innée pour le langage, son aptitude à bien l'utiliser est déterminée par-dessus tout par le discours qu'il entend autour de lui. Car, très tôt, il se spécialise : à l'âge d'un an, il aura perdu la capacité de comprendre et de prononcer le japonais comme le français ou toute autre langue et se sera spécialisé dans la reconnaissance de sa langue maternelle.

Le langage instinctif des mères : le *baby talk*

Instinctivement la mère emploie des modulations en accord avec les systèmes de reconnaissance du nouveau-né. Les films d'étude du comportement de la mère montrent qu'elle s'adresse à lui selon une mélodie particulière, exprimant par les modulations de la voix ce qu'elle ressent, ou ce que le nourrisson ressent. En verbalisant ses propres sensations : « Oui, mon bébé chéri, tu as mal au ventre... », elle permet à l'enfant d'associer ses sensations à des mots. Et en verbalisant ses émois : « J'étais loin, mais je ne t'oubliais pas », elle lui montre que ses interrogations sont partagées. Françoise Dolto avait pressenti que les commentaires maternels donnaient sens à ce que perçoit le bébé dans son corps : « Ensuite, l'enfant aura dans sa mémoire la bande magnétique de ce qu'il a entendu à un moment de tension analogue. C'est ainsi que la langue maternelle s'inscrit d'absence en présence et de présence en absence de façon totalement inconsciente. » La langue parlée se charge de sens parce qu'il y a du sens dans tout ce que la maman fait avec le bébé. Un enfant dont la mère met des mots sur ce qu'il perçoit exerce continuellement sa fonction symbolique. Au fur et à mesure qu'il se sent en sécurité dans le monde, il devient disponible pour découvrir la communication avec son environnement.

En même temps que les paroles maternelles donnent sens à sa vie, le bébé apprend sa langue. Il cherche à imiter sa mère. Il l'observe, la dévore des yeux. Grâce à son formidable don d'imitation, il réussit à produire une richesse incroyable de modulations vocales, en exerçant son larynx et ses muscles phonatoires, en ajustant ses rythmes, ses sonorités vocales à celles de la langue que lui parle sa mère. Il veut échanger avec elle, il la regarde s'adresser à lui. Un tel apprentissage demande une totale disponibilité de la part de la mère qui répugne à se laisser détourner du dialogue avec ce petit être à un moment aussi précieux de son existence.

Qu'elle soit cultivée ou non, la mère sait d'instinct combien les mots qu'elle adresse à son bébé, avant même qu'il puisse se servir de la parole, contribuent à son développement à la fois cognitif et émotionnel.

Je tiens cependant à mettre ici en garde les jeunes parents : entre la télévision toujours allumée, le téléphone portable qui sonne, les messages Internet à consulter et l'ordinateur ramené du bureau, la société de l'information et de la communication rend les interactions parent/enfant de plus en plus pauvres, hachées, dénuées de sens. En fait, on partage de moins en moins, on communique avec l'extérieur, mais de moins en moins entre parent et enfant. Le véritable échange entre humains n'est plus qu'une option.

Bébé comprend mieux le sens que le mot

Dès les premiers mois le cerveau enrichit les synapses qui assurent la connexion des cellules nerveuses de l'audition avec celles de la compréhension, celles de la mémoire avec celles de la production du langage. Ces circuits extrêmement élaborés se complexifient selon les informations qu'ils reçoivent de l'environnement. Or les expériences qu'un cerveau enregistre durant cette période décisive d'élaboration, qui correspond à la première année de l'enfant, proviennent des échanges verbaux. Ainsi, le scanner du cerveau d'enfants auxquels on a peu parlé, parce qu'ils séjournent dans des orphelinats, par exemple, objective des zones de traitement du langage de vingt à trente pour cent moins développées que la moyenne.

Le mode de compréhension du nouveau-né est fascinant : à peine né, bébé comprend émotionnellement ce que dit sa maman, alors qu'il n'est pas encore capable de comprendre le sens des mots proprement dit. L'imagerie médicale en a apporté récemment la preuve : alors que chez les adultes l'hémisphère gauche du cerveau travaille davantage pour tout ce qui concerne le langage, chez le nourrisson l'hémisphère droit fonctionne tout autant. Or, nous l'avons vu, ce dernier est plus sensible aux émotions que le gauche, éminemment rationnel. De nombreux linguistes pensent que les structures syntaxiques dans le cerveau du nourrisson de moins d'un an sont représentées par des modules de sens, relativement indépendants de la sémantique elle-même. Le traitement par le bébé est donc lié au sens, en référence au contexte du monde réel.

Or le sens étant apporté en premier lieu par la mère et le contenu émotionnel de ses échanges vocaux avec le bébé, il faut encourager leur conversation. Françoise Dolto, qui ne connaissait pas encore ces récentes découvertes sur la neurolinguistique, était tout à fait visionnaire lorsqu'elle disait : « Il n'est jamais trop tôt pour parler à un enfant. » Par exemple, si vous êtes troublée par un événement douloureux, sachez que l'enfant le ressent. Se taire aggrave sa perplexité, il en vient à concevoir que le monde environnant ne répond pas à des lois logiques, puisque les mots ne traduisent pas l'émotion qu'il perçoit chez sa mère. Par contre, si vous parlez vrai, si vous mettez des mots simples sur vos chagrins, sur les drames que vous vivez, le bébé peut s'accrocher au monde réel et acquiert des repères qui lui permettent de se construire.

La parole du père

Le père s'introduit d'autant mieux dans ce cercle de la relation mère-enfant que, nous l'avons vu, il est lui-même en communication avec la mère. Petit à petit, le bébé apprend à le reconnaître. Il l'identifie d'autant plus facilement que le père lui parle d'une façon très différente de la mère comme l'ont souligné de récents travaux d'observation. Alors que le premier souci des mères est celui de se faire comprendre, les pères, eux, sont plus en attente d'action de la part de leur enfant. L'analyse de leur langage montre qu'ils sont plus directifs, leur demande concernant presque uniquement la réalisation d'une tâche. Ils répètent moins que les mères les paroles du bébé et sont moins disponibles à ce qu'il peut percevoir.

Les pères n'interprètent pas aussi bien que les mères les paroles de leur enfant ; ils leur demandent souvent de reformuler : « Quoi ? Que dis-tu ? » Ils augmentent la difficulté de communiquer en obligeant l'enfant à employer un langage plus compréhensible pour un interlocuteur moins complice que la mère, donc à rendre son langage plus conventionnel.

Les enfants, eux, ajustent leurs comportements à ce qu'ils peuvent attendre de chacun de leurs parents :

— À leur mère, ils adressent des messages relatifs à leurs émotions et persistent pour accaparer son attention quand elle ne la leur accorde pas immédiatement. Ils savent que leur mère comprendra leur langage intime.

— Avec le père, ils renoncent plus rapidement aux particularités de leur expression, utilisent davantage de formules de politesse et se montrent plus déférents. Ils lui adressent des messages relatifs à la réalisation d'une tâche, en accord avec ses demandes les plus fréquentes.

Les différences entre le mode de communication du père et celui de la mère s'accentuent selon qu'ils s'adressent à leur garçon ou à leur fille : les pères écoutent plus attentivement les demandes des garçons que celles des filles et répondent plus souvent que les mères à leurs mots et à leurs gestes.

Savoir parler : une première « castration psychique » ?

La relation entre la mère et son enfant fournit à celui-ci les structures de la langue maternelle, puis l'acquisition du langage ouvre progressivement la bulle qu'il forme avec elle. C'est grâce à la justesse du parler maternel que l'enfant se sent nécessaire aux autres autant qu'ils lui sont nécessaires. Il est alors mû par un désir de communication psychique, d'abord vers sa mère, puis vers son père, sa fratrie et les étrangers. Il est de plus en plus heureux de parler de ses volontés, de ses actes et de ses pensées.

Il accède alors à la véritable autonomie, car la possibilité de communiquer avec un membre de la société débarrasse la présence et l'intervention de ce dernier de toute menace. C'est pourquoi F. Dolto disait que « le langage fait partie des castrations psychiques » : l'acquisition du langage permet à l'enfant de se couper de sa mère. Un bébé bien entouré est charmé de se découvrir en communication avec le monde, tout l'intéresse et il répond à tout, il associe les différents moments de sa vie, son prénom, à des sons que sa mère lui répète, puis qu'il reconnaît dans les dires de son père et de ses proches.

C'est vers neuf mois, âge où l'enfant tient assis, sait attraper ses pieds et commence à ramper, voire à se mettre debout, qu'il prend conscience qu'il est un corps fini, distinct de sa mère. Cette période est cruciale. L'enfant devient capable de s'attacher à d'autres personnes et d'échanger avec elles. Il se dirige d'abord vers les autres membres de sa famille : le père, comme nous l'avons vu, parce qu'il est proche et dialogue avec la mère, puis les frères et sœurs dont il apprend vite à reconnaître les voix flûtées, les rires, répondant à leur humour et à leurs jeux par ses éclats de rire. La période de fusion avec la mère est donc nécessaire pour apprendre à communiquer ; puis petit à petit, en douceur, et sans l'éliminer brutalement, l'enfant agrandit le cercle de ses interlocuteurs et élargit son univers.

Je dirais que les relations se gâtent et que la mère est souvent désemparée lorsque son enfant dépasse le cap d'un an. Il est normal en effet qu'entre un et trois ans, celui-ci passe très rapidement de l'état euphorique à une colère folle, car son système nerveux n'est pas encore équipé d'une capacité d'autorégulation émotionnelle. Ce n'est que plus tard que, progressivement, l'enfant réorganise ses émotions primitives : au fil de ses expériences, les zones frontales de son cerveau se développent et lui permettent d'exercer ses facultés de jugement et de choix. Les neurones exercent alors un contrôle inhibiteur sur le système émotionnel et l'enfant maîtrise de mieux en mieux ses colères. Mais entre un et trois ans, c'est la période du « non ! » et de la soi-disant « désobéissance », très importante dans le développement de la personnalité.

Or à cet âge-là plus encore qu'auparavant, on critique la mère et les « fessées qui se perdent », on dénonce son laxisme. Les grands-parents ou l'entourage, qui se montrent toujours prêts à donner des leçons, oublient que la mère est déjà déconcertée par l'instabilité émotionnelle de son enfant, et la fragilisent encore en la culpabilisant. C'est au contraire en l'aidant à guider son petit sur la voie de l'autorégulation émotionnelle que le taux des crises de colère pourra chuter vers le milieu de la troisième année. Une mère réconfortée dans ses qualités d'éducatrice peut trouver les réponses adéquates et structurer son enfant pendant cette difficile période d'apprentissage : en faisant diversion pour canaliser son énergie vers des intérêts positifs, ou en se retirant, le temps qu'il parvienne à gérer sa crise émotionnelle. Une mère qui garde confiance en elle permet à son enfant de se ressourcer auprès d'elle dans les moments d'implosions émotives ; le « re-nidage » et les câlins, la voix et les paroles de la mère permettent une régression avant un nouveau départ. Lorsque les parents sentiront leur enfant prêt, la mère pourra reprendre ses fonctions sociales, s'ouvrir à nouveau à ses amis, à son travail, adopter un nouveau rythme. Encore faut-il qu'aucune réglementation du travail absurde ou aucun diktat interdisant un excès de fusion ne vienne lui arracher autoritairement son petit. Mais pour son identité propre, il est indispensable que la mère retrouve son statut social après le temps, variable d'une histoire à l'autre, qu'elle juge utile de passer avec le bébé.

VII

L'honneur de travailler

Les mères ont-elles le choix ?

Être mère au foyer aujourd'hui est un choix très difficile pour la plupart des jeunes femmes : elles ont reçu une éducation intellectuelle ; elles ont pu constater au collège puis au lycée qu'elles étaient les égales des garçons. Si dès qu'elles deviennent mères elles renoncent à travailler au-dehors, elles perdent leur indépendance financière et leur identité sociale. On considère qu'une jeune mère au foyer « ne fait rien ». Lors des dîners entre amis, elle est vite exclue de la conversation, les enfants ne constituant pas un sujet intéressant. Elles me disent toutes leur révolte : « Lorsqu'on s'arrête quelques années, il est presque impossible de reprendre, du moins au même niveau de qualification. » De plus, dans le monde occidental, contrairement à d'autres lieux et d'autres temps, les femmes ne vivent plus en collectivité (le gynécée), élevant en groupe leurs enfants et vaquant ensemble à leurs occupations. Ne pas travailler, c'est être isolée et ne bénéficier d'aucune reconnaissance sociale. Comme si élever des enfants ne demandait aucune compétence ! Les nourrices agréées, et surtout les gardes d'enfants à domicile, sont mal payées et mal formées au regard de leur responsabilité. L'éducation et le bien-être des enfants seraient-ils secondaires ? Comment va-t-on bâtir la société de demain ?

Les jeunes femmes d'aujourd'hui ont parfaitement conscience de la fragilité actuelle du couple. Elles appartiennent à une génération dont les parents, ou les parents d'amis, ont souvent divorcé. Qu'adviendra-t-il si elles ne travaillent pas et si, une fois leurs enfants élevés, leur compagnon a des aventures extraconjugales ? Quelle liberté sociale auront-elles pour choisir leur nouveau chemin dans la dignité ? Les grand-mères maternelles sont les premières à pousser leurs filles à s'engager dans une activité professionnelle qui leur garantit cette liberté et cette dignité dont elles n'ont pas bénéficié.

Voilà pourquoi la proportion des femmes en âge de travailler et qui se trouvent effectivement sur le marché du travail n'a cessé d'augmenter depuis les années 1960. Elles représentent plus de 45 % de la population active aujourd'hui. 80 % des mères qui ont un enfant et 70 % de celles qui en ont deux exercent une activité professionnelle. Lorsque arrive le troisième en revanche, le taux des femmes actives chute à 49 %.

Un monde du travail organisé pour les femmes sans enfant

Si elles sont presque aussi nombreuses que les hommes à travailler, les femmes acceptent des salaires moins importants (elles gagnent en moyenne 20 à 27 % de moins que les hommes à diplôme égal) et sont beaucoup moins nombreuses que les hommes à occuper des postes à responsabilités (elles représentent 30 % des cadres et 10 % des dirigeants). Une école d'agronomes dont 90 % des étudiants sont des hommes a voulu s'ouvrir aux femmes ; on a mis la direction en garde : cela allait dévaloriser la profession !

Le système de l'entreprise est d'ailleurs bien huilé pour confiner les femmes dans les postes subalternes. Le rythme des journées est masculin : début assez tardif, grande pause au déjeuner, lecture de quelques journaux dans l'après-midi et réunions importantes le soir. Quel que soit leur désir de faire carrière, leur rôle de mère – les enfants qui les attendent à la maison ou à la sortie de l'école – les écarte de ces moments stratégiques et les hommes se retrouvent seuls pour décider, c'est-à-dire avoir le pouvoir dans l'entreprise. Bien qu'il y ait de plus en plus de femmes cadres supérieurs, il est rare qu'elles atteignent les postes de direction. Si les réunions décisives avaient lieu à l'heure du petit déjeuner, après que les enfants ont été déposés à l'école, on verrait beaucoup plus de femmes monter dans la hiérarchie. Et je ne parle pas des femmes qui, poussées par leur instinct maternel, choisissent le temps partiel. Elles sont de plus en plus nombreuses dans ce cas aujourd'hui (25 % des actives). Le même système prévaut en politique, aggravé par l'habitude des réunions nocturnes. Seule une loi sur la parité pouvait obliger ces messieurs à libérer un peu de place, mais il faudra encore faire évoluer le fonctionnement des instances politiques pour que les mères puissent vraiment y jouer un rôle. « La misogynie est présente partout, me disait l'une de mes amies productrice pour la télévision. Il est très difficile de faire diffuser des émissions sur les femmes ou qui traitent de sujets dit “féminins”. Et l'image des femmes dans les films est essentiellement donnée par les hommes. » À la maison c'est l'homme qui détient le sceptre : la télécommande. Et en son absence les enfants. Mais jamais la mère, lorsqu'elle n'est pas seule...

La femme d'aujourd'hui fait des efforts héroïques

pour concilier travail et maternité, mais elle a parfaitement conscience de sacrifier tout carriérisme et reste écrasée par les exigences du monde du travail qui ignore son rôle de mère, pourtant si précieux pour la société.

Bien sûr, les sirènes des psys en tout genre retentissent pour culpabiliser la jeune femme. « Jamais la conjugalité ne s'est portée plus mal qu'aujourd'hui et on ne peut pas comprendre qu'il en soit ainsi sans mettre en cause, ne serait-ce que partiellement, la mutation du statut de la femme », écrit Aldo Naouri. À écouter ce confrère, il faudrait donc que la femme reste à la maison pour que le couple ne soit pas fragilisé ! Des psychologues accusent même la femme qui travaille de se plaindre à tort d'une double journée qu'elle s'impose elle-même parce qu'elle ne peut pas renoncer à sa possessivité ! « Secrètement, chaque mère, même travaillant, souhaite, dès qu'elle en aura terminé avec ses horaires, retrouver l'amour exclusif de son enfant, un enfant qu'elle veut pour elle, elle seule. C'est ainsi qu'elle se plaint à tort de ces doubles journées, aboutissement de ses propres désirs » (Christiane Olivier). Quelle accusation ! Ne vous plaignez pas, mesdames, d'avoir tant de charges en plus du travail, laisse entendre cette psychologue. C'est vous qui le voulez, parce que vous êtes possessives et guidées par un désir de puissance à l'égard de votre enfant.

Ces discours accusent sans apporter aucune solution aux femmes, écartelées entre leur instinct maternel, qui les pousse à s'occuper le mieux possible de leur jeune enfant, et les exigences professionnelles. « Que faut-il préférer : déléguer le plus possible votre rôle de mère, ou vous soulager d'une partie de votre travail professionnel ? Votre enfant a certes besoin d'une continuité affective, mais pas forcément de la vôtre. » Ces propos vont à l'encontre de ce que ressent la mère d'un minuscule bébé de trois mois à la fin de son congé de maternité. Elle ne peut pas concevoir facilement que son bébé soit heureux huit à neuf heures par jour dans des mains étrangères. Heureusement, au-dessus des psys accusant la mère de vouloir accaparer son enfant pour son seul plaisir, au-dessus des belles théories sur la sociabilisation précoce de l'enfant, des voix commencent à s'élever : je rencontre de plus en plus de directrices de crèche qui préfèrent accueillir des enfants de deux ans que des nourrissons de trois mois. À cet âge, elles ne veulent pas entendre parler de sociabilisation !

Mais rémunérer, former, contrôler une aide à domicile est une épreuve surhumaine ! Si l'on pouvait déduire de nos impôts le salaire de la garde d'enfant à domicile comme celui de l'assistante au bureau, cela serait déjà reconnaître la fonction sociale du travail des deux femmes : celle qui exerce un métier à l'extérieur et celle qui vient s'occuper de l'enfant !

La révolution du travail prise en main par les mères

Je ne donne pas une décennie aux mères pour qu'elles prennent en main et fassent reconnaître leur rythme de travail. Une grande révolution se prépare. Là où les politiques et les chefs d'entreprise ont échoué – ils ont même résisté, sachant qu'en facilitant la vie des mères ils facilitaient aussi la parité professionnelle –, les femmes vont réussir. Le système actuel ne va pas durer, parce que la télétransmission offre aux femmes la possibilité de se libérer des carcans horaires. Déjà je vois arriver dans mon cabinet, à n'importe quelle heure de la journée, des jeunes femmes actives, leur téléphone portable leur permettant de garder contact avec leurs clients. Avec

Internet et la télétransmission des appels téléphoniques, vous ne saurez jamais si elles sont à leur bureau, à la sortie de l'école, ou chez elles.

Certes un tel système fait disparaître la discontinuité entre vie privée et vie professionnelle. Mais les femmes en ont l'habitude. Comme le disait Lévi-Strauss, c'est la civilisation industrielle qui a enfermé les femmes dans des usines et des bureaux, les obligeant à laisser leurs enfants à des nourrices. Auparavant, elles emportaient leurs enfants partout où elles allaient et tissaient la toile, vendaient leurs légumes au marché ou cultivaient les champs avec le nourrisson dans leur dos. Grâce à Internet, elles vont retrouver ce mode de vie nomade. Cette liberté les autorisera à concilier fonction maternelle et vie professionnelle. Prenez-en note, messieurs ! Car si vous participez à cette merveilleuse aventure, vous conquerrez aussi une place auprès de votre femme et de vos enfants et consoliderez ainsi votre fonction paternelle. Si, au contraire, vous restez à l'écart de ce mouvement, attachés à des structures traditionnelles, vous serez marginalisés dans votre rôle de père.

En attendant l'avènement de ce nouvel âge, les femmes sont de plus en plus nombreuses à demander des congés parentaux ou des temps partiels. « Elles veulent tout » diront les esprits chagrins. Ce n'est pas vrai, parce que, même si elles travaillent, elles y laissent leur carrière. Toutes les femmes que je rencontre sont prêtes à mettre entre parenthèses leur promotion professionnelle pour garantir à leurs enfants un bon développement. Après les avoir bercés et nourris de lait et de mots, elles les accompagnent et les soutiennent pendant l'âge scolaire. Et je les y encourage. Car il y a un temps pour tout dans nos longues vies ; reprendre et poursuivre sa carrière est possible quand les enfants sont grands.

VIII

Les difficiles séparations mère-enfant

Qui gardera bébé ?

Trouver aujourd'hui le mode de garde adapté à chacun de ses enfants est un véritable parcours du combattant. 39 % des parents déclarent que le mode de garde auquel ils ont eu recours n'est pas celui qu'ils auraient souhaité. Et la mère culpabilise et souffre de se séparer de son enfant sans pouvoir le confier à la structure ou la personne idéale. C'est là un problème sérieux quand on sait l'importance de la personne maternante pour le développement du nourrisson.

Qui garde les enfants de moins de trois ans en France ? Les statistiques diffusées par la CNAF en 1999 précisent que, sur les 2,2 millions d'enfants de moins de trois ans, la moitié est gardée par un parent au foyer, le plus souvent la mère. Pour les autres :

— 16 % sont gardés par une assistante maternelle ;

— 6 % sont en crèche collective ;

— 3 % en crèche familiale ;

— 2 % par une personne au foyer, rémunérée avec AGED ;

— 23 % par une personne rémunérée sans AGED

À quel âge se séparer ?

Pendant leur grossesse, tant que les hormones de l'instinct maternel n'ont pas inondé leur corps, tant qu'elles n'ont pas tenu leur enfant dans leurs bras, la plupart des jeunes femmes peuvent imaginer qu'elles confieront facilement leur enfant à des mains étrangères et professionnelles dès l'âge de trois mois. Mais l'instinct maternel et les premières interactions avec le nouveau-né les conduiront le plus souvent à repousser la fin du congé de maternité. Beaucoup implorent leur gynécologue de leur prescrire un congé prolongé pour « grossesse pathologique », quelques-unes ont la chance de bénéficier d'une convention collective, comme celle des banques ou des organismes de la Communauté européenne, autorisant une « prolongation pour allaitement ». Toutes les astuces sont bonnes. Ont-elles tort ? Sont-elles « trop fusionnelles » ? Winnicott plaide pour qu'on laisse à la mère le choix du moment de la séparation : « La mère partage avec son petit enfant un morceau à part du monde, le gardant suffisamment étroit pour que l'enfant ne soit pas dans la confusion, l'agrandissant très progressivement afin de satisfaire la capacité grandissante de l'enfant à jouir du monde. Il s'agit de l'une des parties les plus importantes de son travail. Elle le fait naturellement... présentant le monde à petites doses, non parce qu'elle est savante, tel un philosophe, mais parce qu'elle se dévoue à son bébé. »

Si tous les spécialistes n'adoptent pas la souplesse et le respect ainsi justifiés par D. Winnicott, les psychologues les plus enclins à pousser la mère à la séparation commencent cependant à reconnaître que celle-ci est prématurée à trois mois : « J'envisage un placement en crèche privée ou publique vers l'âge de huit mois, dès que l'enfant donne par ses pleurs, lors du départ de ses parents, le signe qu'il les aime, les connaît et s'en souviendra jusqu'à leur retour », déclare Christiane Olivier.

Que de discours avait-on pourtant tenus sur l'angoisse de séparation des huit mois, incitant les mères à confier leur enfant dès trois mois afin qu'il pleure moins ! Or, cet adage du « toujours plus tôt » est nocif. Un bébé de moins de huit mois ne hurle pas lorsque vous le laissez à la crèche, mais il peut lui être très difficile de garder son identité et de trouver ses repères, justement parce qu'il ne peut pas protester ; il risque de subir son environnement sans pouvoir exprimer son désarroi, ni pour lui-même ni pour sa mère. Le temps lui paraît d'autant plus long qu'il est plus jeune, et votre absence lui semble une éternité. Il peut mettre des semaines et des semaines pour intégrer la pensée que vous réapparaîtrez le soir. Cela n'est pas sans conséquence pour la construction de sa personnalité à moins que le personnel de garde, bien informé et avisé, lui donne des repères qui prolongent la présence maternelle et associe la mère à cette entreprise. Car le bébé de moins de huit mois, nous l'avons vu, se perçoit comme une partie du corps de sa mère. Ne se différenciant pas d'elle, en la perdant, il perd un peu de lui-même. Après huit mois, en revanche, il sera moins affecté dans sa structure psychologique profonde, malgré ses protestations. À partir du moment où il rampe, où il marche à quatre pattes, où il peut se déplacer, où il sait qu'il est un être fini, indépendant du corps de l'autre, il peut protester et ne se sent pas dissous par la perte de sa mère. Par ailleurs, à cet âge où il commence à comprendre les mots et les gestes de ses parents, la rupture peut être préparée et mise en paroles. L'enfant pourra alors exprimer son chagrin et les mots de sa mère lui donneront un sens.

Il ressort aussi de tout cela que la formation spécifique de la personne maternante compte moins pour le nourrisson que sa générosité et sa sensibilité. Observons la personne à laquelle vous devez confier votre bébé. Elle se précipite pour le prendre dans ses bras avant que vous ne le lui ayez proposé ? La première manifestation de respect que l'on doit à la sensibilité de la mère est de ne pas lui prendre son bébé lorsqu'elle n'y est pas prête. Or cela peut être le cas simplement parce qu'elle éprouve le sentiment que porter son enfant ne signifie rien pour ceux qui en manifestent l'envie. Et le bébé, lui, est très sensible à la manière dont il est porté. Même très jeune, il peut pleurer dans les bras de l'un, et être content dans les bras de l'autre. C'est une expérience fréquente et désagréable pour les grand-mères. Déçues, elles me disent : « Ma fille ne l'encourage pas à être sociable, il faudrait la forcer à le mettre en garderie pour qu'il s'habitue aux autres ! » Mais le problème n'est pas là. Il faut simplement savoir que le bébé peut se sentir agressé par la quête autoritaire d'un lien affectif avec un inconnu, qui n'a pas pris le temps de se présenter à lui. Entre dix et dix-huit mois il ne connaît ni son état civil, ni sa généalogie familiale, il doit adopter ses grands-parents. Pour se faire adopter, il faut éviter toute démarche volontaire, il faut respecter et la mère et son bébé : commencer par rester à distance, bavarder avec la jeune femme, créer un lien autour du bébé. Ensuite seulement, jouer avec lui, attirer son attention, lui raconter une histoire, le distraire. Une fois que l'enfant aura reconnu en l'autre un interlocuteur bienveillant qui comprend son langage et sait se faire comprendre de lui, il ira en courant vers le nouveau venu.

Il en va de même pour tous les soins prodigués au nourrisson. Winnicott dénonçait déjà « les manières administratives, les diktats de l'hygiène, une tendance louable vers la promotion de la santé corporelle, toutes sortes d'autres choses qui s'immiscent entre la mère et son bébé ». Je devrais ajouter aujourd'hui les diktats des psychologues qui prétendent qu'il faut savoir se forcer à se séparer, ne pas être fusionnel, le rendre sociable et le pousser vers l'autonomie. Cette obsession de l'autonomie ne relève-t-elle pas en effet d'une rivalité inconsciente vis-à-vis de la complicité qui rapproche un bébé et sa mère, plutôt que d'un réel souci du bonheur de l'enfant ? Lorsque des voix apparemment autorisées vous expliquent que la séparation est souhaitable pour votre enfant, vous mettez en doute votre propre instinct déjà bien malmené et vous culpabilisez de ne pas ressentir les choses ainsi. Comme le dit Winnicott, « il est peu vraisemblable que les mères, dans un effort concerté, protesteront contre ces interventions ». Il faut cesser de lutter contre le sentiment de la mère et ne séparer l'enfant d'elle qu'au gré de leur désir respectif.

Une entrée en crèche à la carte

Toutes les remarques que nous venons d'exposer plaident dans le sens d'une entrée plus tardive des enfants en collectivité, ce qui diminuerait par la même occasion le nombre des maladies d'adaptation, otites et bronchiolites, d'autant plus redoutables que le bébé est petit et son immunité faible.

L'idée est donc non de reculer indéfiniment la date de toute séparation, mais d'adapter la reprise d'une activité professionnelle au rythme propre de la mère et de l'enfant, suivant une progression qui leur permette d'ouvrir l'enveloppe peu à peu pour qu'ils puissent se tourner vers le monde extérieur en douceur. La séparation précoce, totale et brutale, décrétée de l'extérieur alors que la mère ne sent pas le moment venu, et cela quel que soit l'âge de l'enfant, est contre-indiquée.

Une séparation progressive, au contraire, leur est bénéfique à tous deux. Car il est certain que la vie d'une mère après la naissance, entièrement consacrée à son bébé, est très solitaire dans notre société. Dans d'autres civilisations, en Afrique ou en Chine par exemple, elle continuerait de vaquer à ses occupations, le bébé en portage continu, elle irait au marché, elle parlerait avec les membres de la famille élargie et occuperait ses fonctions maternelles sans être obligée de s'isoler. Elle pourrait donner le sein sans se cacher ni subir le regard gêné de son environnement. Elle ne serait pas coupée de la société. Dans notre civilisation occidentale, la voilà entièrement seule entre quatre murs, n'ayant comme interlocuteur que la télévision. Un état dépressif risque de s'installer. C'est pourquoi, tout en sentant que leur bébé n'est pas prêt à se séparer d'elles, et elles de lui, les mères ont besoin, vers le troisième mois, de retrouver une activité sociale. La solution représentée par une reprise progressive du travail serait donc idéale.

Assistante maternelle, « nounou » ou crèche ?

Quel mode de garde choisir ? Aux États-Unis, de nombreuses études ont essayé d'évaluer le développement cognitif et le tempérament des enfants en fonction du mode de garde. Il en ressort que le niveau socio-éducatif des parents est plus important pour le développement psychomoteur et la sociabilisation que le mode de garde. Les parents informés et passionnés sont plus aptes que les autres à trouver le mode de garde adéquat ou à remettre en question celui qui ne l'est pas. Ils créent des liens entre le lieu et le personnel de garde d'une part, et le milieu familial d'autre part. Ils savent donner du sens à leur départ et à leurs retrouvailles, ils s'intéressent au programme éducatif de la crèche et, surtout, les interactions qu'ils suscitent avec leur enfant durant les moments de détente, les soirées et les week-ends, donnent à celui-ci la capacité à interagir lui-même de façon bénéfique avec l'adulte de substitution.

Comment choisir la bonne nounou

Que les assistantes maternelles m'excusent, je sais qu'elles n'aiment pas qu'on les appelle « nounous », mais c'est le terme le plus utilisé par les enfants et les parents. Bien sûr, il désigne souvent l'employée à domicile, pas toujours déclarée, qui n'a pas reçu la formation d'une assistante maternelle et n'en a pas le professionnalisme. Car la pénurie d'assistantes maternelles oblige bien des familles à recourir au système D. En utilisant le terme générique de « nounou », je ne mélange pas les genres, mais je reprends un mot qui, pour l'enfant et sa famille, englobe toutes ces personnes non dans leur qualification mais dans l'affection qu'ils leur portent.

Comment reconnaître la bonne « nounou » ? Ni l'âge des enfants qu'elle a gardés, ni leur nombre ne constituent un critère. En revanche, si, arrivant à l'improviste, vous voyez votre nounou descendre l'escalier à quatre pattes en marche arrière pour montrer à votre enfant comment faire, vous avez vraiment une bonne nounou ! J'aime beaucoup cette image du pédiatre américain T. Bery Brazelton et trouve sa description tout à fait significative. Il ne dit pas « si elle lave bien les biberons », « si vous constatez le respect des rations », « des heures de repas », « si elle fait suffisamment prendre l'air à votre enfant »... Non : il vous la décrit heureuse de partager les prouesses de votre enfant, ses progrès, de se mettre à son niveau car, comme le souligne Françoise Dolto, « l'enfant a besoin de grandir en voyant la jubilation affective de l'autre à chacun de ses exploits ».

Or, si la mère a une prédisposition naturelle à s'émerveiller devant chaque progrès de son enfant, tout comme le père ou la grand-mère, parce que cet enfant est un prolongement d'eux-mêmes, son développement augurant sa vie future, la nourrice, elle, n'est pas portée spontanément par le même enthousiasme. Elle risque d'être moins sensible à ce qui vous est si précieux. Songez un peu : elle suivra votre enfant, au mieux, pendant ses trois premières années ; ensuite, il disparaîtra de son univers ! Rares sont les parents qui restent en relation avec la nounou de leur progéniture, via courriers et photos. Comment les nounous peuvent-elles alors se projeter dans l'avenir d'un nourrisson, et avoir l'impression de faire une œuvre de création quand elles se mettent à quatre pattes pour jouer avec lui ? Nous avons montré la patience extrême que demandent les soins d'un enfant, le soutien dont la mère a besoin pour l'entourer d'une attention permanente. Il est donc difficile de trouver une bonne nourrice, un vrai substitut parental. Les bébés ont besoin de contact, de maternage, de communication, de jeux. Ils ont besoin de se sentir suivis, que leurs progrès soient accueillis avec joie par leur entourage et de percevoir que le dévouement de leurs parents est inépuisable. Pouvons-nous en attendre autant d'une nourrice ? Pouvons-nous attendre d'elle une communication interpsychique aussi subtile, un aussi grand plaisir à renvoyer à l'enfant une image valorisante de lui-même ?

Or non seulement de tels échanges sont rares, mais il est difficile de pouvoir apprécier une nourrice selon ces critères. Tenus de partir travailler, les parents n'ont guère la possibilité d'observer le comportement de la nourrice et leur enfant tout petit ne peut leur faire de comptes rendus. Leurs inquiétudes sont donc légitimes. J'ai entendu dénoncer les reportages télévisés montrant des nourrices maltraitantes aux États-Unis parce qu'ils avaient été filmés par caméras cachées. De la même façon, certains psychologues estiment que conseiller aux parents de rendre visite à la nourrice à l'improviste ou de se renseigner sur ce qui se passe en leur absence encourage leur tendance à se vouloir tout-puissants avec leur enfant, leur réticence à « couper le cordon » et leur anxiété. Je ne souscris pas du tout à ce discours. Je pense au contraire qu'une mère qui sait comment son enfant passe sa journée est bien plus tranquille que celle à laquelle on demande d'emblée d'avoir une confiance absolue en la personne à qui elle le confie. Et la surveillance improvisée pour s'assurer que l'enfant est en de bonnes mains est un recours tout à fait légitime tant que l'enfant n'a pas de moyens d'expression ni de repères de personnalité suffisants pour pouvoir dire – et se dire – que le comportement de sa nourrice ne lui paraît pas normal. Cela relève même de la responsabilité parentale et les bonnes nounous le comprennent. Une bonne nourrice selon moi est justement celle qui laisse sa porte ouverte aux parents et les encourage à venir dès qu'ils ont un moment. Cela peut aussi relever du rôle des grands-parents : en faisant un tour au square ou chez l'auxiliaire, ils soulagent l'inquiétude de la mère. Cela évite aussi à cette dernière de se tracasser au sujet d'un éventuel changement de nourrice. On a beaucoup écrit que les changements intempestifs de personne nourricière sont traumatisants. Celle qui s'occupe de l'enfant régulièrement établit un rapport avec lui, instaure un langage, des gestes pour communiquer. Une nouvelle nourrice obligerait l'enfant à construire un nouveau code de communication, lui suggérant un sentiment de précarité et détruisant ce qu'il a acquis. Une telle crainte n'est cependant justifiée que lors de la séparation d'avec une bonne nourrice. Mieux vaut changer rapidement et souvent jusqu'à avoir trouvé celle qui convient que de laisser trop longtemps le nourrisson avec une personne indifférente. Cela étant, je dois dire aux parents que, selon mes observations de pédiatre, environ une nourrice sur dix est extrêmement stimulante et chaleureuse, quatre sur dix sont relativement positives, et cinq sur dix beaucoup trop indifférentes.

On me répondra bien sûr qu'il y a un mode d'agrément, et qu'il faut faire la différence entre une nourrice agréée, c'est-à-dire déclarée, formée et contrôlée par les services de la PMI, et une nourrice non agréée. Je ne peux bien sûr que dire aux parents qu'il est indispensable de confier leur enfant à une nourrice agréée. Cette qualification ne suffit cependant pas à garantir ses qualités car malheureusement les procédures de l'agrément ne comportent pas suffisamment de contrôles et les visites de la PMI sont rares et... souvent téléphoniques ! Cela explique certaines découvertes terrifiantes, tels ces vingt enfants gardés par la même nourrice agréée. On assiste aussi à d'autres méfaits comme en témoigne l'histoire que me raconta une mère sur France Inter. Elle avait employé une très bonne nourrice pendant un an. Puis celle-ci suivit la formation nécessaire à son agrément. Lorsqu'elle fut assistante en titre, elle se montra imbue de son savoir-faire, négligeant celui de la mère. À tel point que, le contact ne passant plus entre elles, la mère dut s'en séparer. Je pense que ces situations ne sont pas rares car le discours psychologique, que je dénonce depuis le début de ce livre, encourage la critique des parents au lieu de demander aux assistantes maternelles de prendre en compte les mères. C'est la PMI, service public de protection maternelle et infantile – et remarquons que l'appellation elle-même associe la protection de la mère à celle de l'enfant –, qui devrait donner l'impulsion à un nouvel état d'esprit, assurer un meilleur contrôle, ainsi qu'une assistance aux « nounous », qu'elles travaillent à leur domicile ou chez les parents. Pour l'instant, ni l'esprit ni les moyens nécessaires ne sont mis en œuvre. C'est pourquoi les mères sont très suspicieuses quant à la garde personnalisée et préfèrent, pour beaucoup, la crèche collective.

La crèche collective

Cette institution présente deux avantages majeurs aux yeux des parents :

— la fiabilité du personnel. Fini les interrogations lancinantes : la nourrice n'est pas avachie devant la télévision pendant que votre enfant pleure dans sa chambre, vous pouvez en être sûrs. Comme le personnel est nombreux, vous êtes tranquilles pour la sécurité du petit ;

— la vie en collectivité permettrait une meilleure sociabilisation de l'enfant.

Pourtant, au moment de confier son bébé à ce monde bruyant et assez anonyme, et quels que soient les efforts d'un personnel extraordinairement méritant, la mère pleure et devient moins certaine de l'effet socialisant de cet univers sur ses 6 kilos de vie... Je me dis souvent, innocemment, que si l'être humain avait besoin de douze petits copains dès l'âge de trois mois, la nature nous aurait laissés faire, comme les petits chats, des portées de plusieurs bébés à la fois. Or la femelle humaine ne fait qu'un bébé, très immature par rapport aux autres mammifères. Il a besoin d'une relation duelle avec un adulte de référence, dédié à lui et constamment disponible, pendant plusieurs mois. Puis d'une séparation douce et progressive. Le mettre en crèche collective à trois mois est une séparation carrément chirurgicale !

John Bowlby a été l'un de ceux qui se sont opposés le plus fermement à ce que les enfants soient gardés toute la journée pour que la mère puisse travailler : « Les femmes vont travailler et fabriquer des gadgets sans intérêt, qui n'ont pas de valeur sociale particulière, pendant que les enfants sont gardés dans des crèches sans âme. Je crois que le rôle des parents a été stupidement sous-estimé », estimait-il. Et Françoise Dolto renchérissait : « L'enfant est une création nouvelle de la nature qui n'est pas à élever comme un animal, qui n'est pas à dresser, qui désire un cœur à cœur. Mais impuissant physiquement, le petit d'homme attend en effet de l'adulte qu'il l'initie à la vie du cœur et de l'esprit, et non pas seulement aux échanges ritualisés du commerce social comme aux échanges digestifs bien réglés. »

Loin de moi l'idée de m'appuyer sur ces discours très radicaux pour déclarer que la crèche collective est nécessairement nocive au bébé. Je m'y réfère simplement pour comprendre l'angoisse de la mère obligée de se séparer de son nouveau-né huit heures par jour, trois mois à peine après son accouchement, alors qu'elle commence tout juste à communiquer avec lui. Elle sait que personne ne sent comme elle les signaux de mal-être ou de bien-être qu'il envoie et qu'il sera bien difficile à des assistantes responsables d'environ cinq enfants d'être aussi attentives qu'elle. Et cette souffrance non seulement légitime mais justifiée n'est en rien le symptôme d'une trop grande possessivité.

En revanche, la crèche peut offrir un milieu tout à fait épanouissant si la séparation n'est pas brutale, si la présence du bébé à la crèche est progressive, si l'on permet à la femme de ne décrocher que temporairement de la vie professionnelle grâce à un congé parental ou de reprendre sa vie professionnelle par un temps partiel, afin que son enfant se fasse doucement à cette nouvelle condition. Il est souhaitable aussi que la mère soit secondée par une grand-mère ou par le père pour raccourcir les longues journées de vie collective, qu'elle soit accueillie à bras ouverts à la crèche, respectée dans ses sentiments de mère et consultée par les puéricultrices comme « le seul vrai spécialiste de son enfant », selon l'expression de Winnicott. Ces gestes seront d'autant plus bienfaisants que les parents seront disponibles au retour de l'enfant et pendant le temps qu'ils lui consacrent. Je plaide donc, non pas pour que les femmes restent à la maison – j'ai dit combien il était scandaleux de les culpabiliser de leur absence et de les priver de l'identité et de la liberté que leur procure un métier –, ni pour que l'on déprécie les collectivités d'enfants, mais simplement pour que l'on permette à ces institutions de fonctionner avec plus de souplesse, à la carte, en réservant un véritable accueil aux parents. Je sens chez les puéricultrices, les éducatrices et les auxiliaires qui travaillent en crèche une sensibilité qui s'oriente en ce sens. Encore faut-il qu'une réelle politique éducative les aide à la mettre en pratique. Car il est certain qu'une plus grande disponibilité aux parents demande du temps...

Quand la porte de l'école maternelle se referme

La première école a oublié dans notre pays ce qu'elle avait de « maternel » et procède malheureusement souvent à une séparation brutale. Là encore, qui a retenu que Françoise Dolto, il y a plus de vingt ans déjà, dénonçait la rigidité de l'accueil de nos enfants en maternelle : « Ce premier contact est malheureusement souvent altéré par l'impossibilité de la venue dans la classe d'un parent ou d'un familier de l'enfant. Et ceci du fait d'une impossibilité matérielle ou d'une interdiction institutionnelle. »

L'école est beaucoup trop fermée aux parents. Le message qu'on leur adresse est : nous sommes des professionnels, nous savons mieux que vous ce dont votre enfant a besoin, cessez d'être des parents surprotecteurs.

Maurice T. Maschino relate avec force les jugements peu amènes de certaines enseignantes sur les mères : « Les mères qui arrivent en retard ou oublient leurs gamins, ce sont également celles qui s'en occupent à peine. Certains ne sont pas propres, d'autres, en hiver, viennent trop légèrement vêtus. » On les accuse d'être obsessionnelles, mais, à l'inverse, de se contenter de téléphoner lorsque l'enfant est malade. Si elles font beaucoup de câlins, elles sont incestueuses, en tout cas surprotectrices ; mais si elles n'en font pas assez, on les accuse de froideur et de maltraitance affective. De celles qui déclarent : « Je ne suis pas bien quand il n'est pas là », on dit : « Elles bouffent leur enfant. » Et si elles ont des enfants bien tenus, on les accuse d'accorder trop d'attention aux apparences et d'habiller leurs enfants à leur goût. Si l'enfant est peu vêtu, on accusera la mère de négligence. Si elle l'encourage à travailler les mathématiques, elle force son apprentissage par narcissisme. Si elle a une ambition scolaire, elle veut en faire un singe savant. Comme le disait une maman récemment : « J'ai toujours peur de la rencontre avec l'institutrice, si je lui dis que je travaille, elle va me dire : "Ah, c'est pour cela qu'il a des difficultés" et si je lui dis que je ne travaille pas et que je l'aide pour faire ses devoirs, elle va me dire : “Voilà, vous ne le rendez pas assez autonome.” De toute façon, j’ai toujours faux. »

Les institutrices seront les premières à vous dire que le rythme idéal à l’âge de trois ans est une demi-journée de maternelle par jour. Mais notre société ne propose guère de mode de garde fiable et complémentaire de l’école. La moitié des enfants qui ont entre trois et six ans sont accueillis après la classe par un parent, le plus souvent la mère. L’autre moitié enchaîne classe-cantine-classe-garderie. Lorsque l’on connaît l’atmosphère de bruit et de batailles qui règne aujourd’hui dans les écoles maternelles, on imagine leur degré de fatigue.

Quand l’enfant doit être hospitalisé tout seul

Lorsque j’étais jeune interne de l’Assistance publique, les visites des parents n’étaient tolérées que de 13 à 15 heures, et de 18 à 20 heures. Je me souviens précisément de ces horaires, car lorsque les mères partaient, les enfants pleuraient et le personnel, plein de bonnes intentions, conseillait volontiers aux mères de ne pas revenir : « Il est plus sage quand vous n’êtes pas là ! » Puis des études ont montré qu’il est préférable pour un enfant de pleurer le départ de ses parents, plutôt que de se sentir abandonné parce qu’il ne les voit pas. Leur visite, même si elle provoque la douleur de la séparation, lui confirme en effet qu’il existe.

En 1951, un rapport publié par l’OMS, intitulé « Soins maternels et santé mentale », colligea de nombreuses études qui avaient fait apparaître les effets de l’absence de la mère chez les enfants. En 1953, un film émouvant a montré la protestation désespérée d’un enfant séjournant dans un hôpital qui réduisait les heures de visites parentales. La diffusion de ces documents sous l'égide de John Bowlby contribua à transformer le fonctionnement des services de pédiatrie et à étendre les horaires de visite. Aujourd'hui, vous pouvez rester tout l'après-midi auprès de votre enfant malade. Il n'en reste pas moins que, les habitudes institutionnelles résistant à la nouveauté, les parents se heurtent à une pénurie de chambres aptes à accueillir l'enfant hospitalisé et sa mère. Les promoteurs de l'hôpital Robert-Debré, fleuron de la pédiatrie parisienne, ont « oublié » de prévoir que chaque chambre d'enfant puisse recevoir la mère.

Il n'y a pas encore en France de réelle volonté d'accueil : la mère qui insiste pour passer la nuit avec son enfant a souvent l'impression de déranger. Notre pays est extrêmement en retard quant au respect de l'instinct maternel et des besoins du jeune enfant. Bien que, depuis vingt ans, les circulaires ministérielles se multiplient pour édicter que l'on ne doit pas refuser la présence continue de la mère au chevet de son enfant hospitalisé, celle-ci ne se verra souvent proposer qu'un très inconfortable fauteuil d'appoint. Le personnel aura vite fait d'attribuer son désir de présence à un excès d'anxiété et s'efforcera de la détourner de ce que lui dicte son instinct. Voici une anecdote qui reflète bien les méthodes hospitalières dans ce domaine. Une mère dut hospitaliser d'urgence, un soir, son garçon de vingt et un mois atteint d'un panaris nécessitant une opération chirurgicale dans un grand hôpital pédiatrique parisien. L'enfant fut installé dans une chambre pour « moyens », équipée de deux petits lits à hauts barreaux. La mère demanda si elle pouvait rester, mais les infirmières lui dirent qu'elles ne disposaient d'aucun lit d'appoint pour elle. Elle décida donc de passer la nuit assise sur un tabouret. Quelques heures plus tard, elle eut envie de s'assoupir. Elle défit les barreaux du deuxième petit lit et dormit en chien de fusil dans ce lit d'enfant. Au matin, ébouriffée, n'ayant rien pour faire sa toilette, elle sentit l'odeur du café qui venait du vestibule des infirmières et alla leur demander si elles pouvaient lui en offrir un. On lui répondit d'aller se servir au distributeur deux étages plus bas.

Lorsque je dis aux infirmières qu'il faudrait accueillir plus volontiers les mères, elles protestent que celles-ci n'ont pas toujours envie de rester. Mais il faut faire confiance à l'instinct maternel : la plupart des mères veulent rester les premiers jours. Ensuite, si l'enfant se sent en confiance, s'il s'est adapté au milieu hospitalier, elles pourront déléguer au père ou à la grand-mère, puis espacer leurs visites. Elles seules sont juges. Bien sûr, il y a quelques cas de mères entièrement démissionnaires, mais je n'en ai rencontré que très peu. Et celles-ci ont besoin d'être aidées pour pouvoir assumer leur rôle. On ne peut se réclamer d'elles pour refuser à toute mère un confort minimum auprès de son enfant hospitalisé.

Le personnel a tout à gagner dans son efficacité à respecter la sensibilité de la mère. Donald Winnicott a déjà tenté de le faire comprendre : « Il existe des tendances à la destruction des liens mères-enfants. Il n'est aucunement sage de croire que ce qui est bon est à l'abri d'attaques. Il serait plutôt vrai de dire que le meilleur doit toujours être défendu s'il doit survivre à sa découverte. La haine de ce qui est bon existe toujours, ainsi que la peur. Médecins et infirmières sont souvent si impressionnés par l'ignorance et la stupidité de certains parents qu'ils ne peuvent admettre la sagesse des autres. Peut-être le manque de confiance qu'ils marquent à l'égard des mères vient-il aussi du fait qu'ils ont suivi des études spécialisées. Si une mère croit réellement en son instinct, elle peut faire part de son point de vue au médecin et jouer son rôle dans la prise de décision. Un médecin qui respecte les connaissances des parents gagne facilement le respect pour ses propres connais sances. »

Je suis tout à fait consciente de la contrainte que représente pour les soignants la présence anxieuse des familles. Mais les maternités parviennent bien à travailler avec la mère près du bébé, de même que de nombreux services de pédiatrie en province. Il faudrait simplement mieux écouter le sentiment maternel, et donner des moyens en conséquence aux infirmières. Le respect de l'enfant hospitalisé passe par cette prise de conscience.

IX

Lorsque paraît le deuxième enfant

Il est naturel d'avoir envie d'échapper à la problématique de l'enfant unique et de vouloir rapidement un compagnon pour son premier bébé. Aussi la plupart des parents occidentaux désirent-ils un deuxième enfant. Mais cela reste peu, par rapport à la progéniture d'un couple qui ne pratiquerait pas la contraception.

Chaque enfant a une mère différente

La mère se sent souvent bien différente à l'arrivée du deuxième, généralement quelque deux ans après l'aîné. Elle est rassurée sur sa compétence de mère et moins inquiète du développement du nouveau-né, surtout si la naissance et le développement du premier se sont bien déroulés. À la maternité, je vois souvent la photo de l'aîné sur la table de nuit de l'accouchée : ses préoccupations sont encore tournées vers le grand, qui lui manque pendant cette période de séparation. Elle s'inquiète de savoir s'il n'est pas traumatisé par la naissance du second. Aussi sa mobilisation psychique pour ce dernier est-elle moindre. Heureusement, l'instinct est là et la rend disponible, de façon plus naturelle et moins anxieuse. C'est généralement une mère plus sereine, que celle qui accouche de son deuxième enfant.

Mais des éléments particuliers à cette nouvelle période de sa vie viennent caractériser la relation avec ce nouvel arrivant. Si par exemple elle a été déçue, même inconsciemment, par le sexe de son premier-né alors que le second est le garçon ou la fille dont elle rêvait, elle peut montrer une sensibilité tout à fait autre avec lui. Les rapports entre le nouvel enfant et la maman peuvent aussi être bien différents de ceux qu'elle a avec son aîné selon qu'elle se trouvera dans une période professionnelle plus stable ou plus difficile, selon que les rapports avec sa belle-famille ou avec sa propre mère auront évolué.

Mère du deuxième, profil type

C'est donc dans la sérénité que naît habituellement le deuxième enfant. Le père aussi se sent plus à l'aise dans son rôle. Généralement, il se retrouve en première ligne avec l'aîné à la maison. Bien des pères me disent découvrir leur premier à l'occasion de la naissance du deuxième et pendant ces quelques jours où ils traversent en tête à tête une période d'intense émotion. De même que la mère, le père est moins bouleversé par la naissance du nouveau bébé qu'il ne l'était pour le premier, sauf si le sexe ou une recomposition familiale viennent le différencier et en faire une nouvelle aventure. L'instinct maternel, lui, reste le même : il est simplement mieux assumé et vécu, la mère ne se laisse plus influencer par les professionnels de la maternité. Elle sait imposer son propre sentiment, son envie de garder le bébé auprès d'elle, de l'allaiter à la demande. Les quelques jours de maternité, puis la sortie, sont chargés de beaucoup moins d'angoisse, les parents n'assaillent pas le personnel de mille et une questions fébriles.

Le deuxième a donc la chance d'entrer dans une maison plus sereine, d'être accueilli par les babillements joyeux de son aîné. Dans les mois qui suivent, la jeune mère reste extrêmement accaparée par l'aîné, car le grand, maintenant, sait parler, demander ce qu'il veut, et a pris l'habitude d'une relation privilégiée avec ses parents. On évoque sa jalousie comme si c'était une maladie, mais il s'agit plutôt d'une tendance à occuper le terrain, bien naturelle de la part d'un enfant qui a été jusque-là l'unique préoccupation de ses parents. Aussi viendra-t-il sans arrêt interrompre les soins du bébé, parler à sa mère, ou faire quelque bêtise pour signifier qu'il s'ennuie. Ce phénomène, dû au formidable appétit de découvertes qui anime l'enfant entre un et trois ans, est accentué par le fait que la mère vit dans sa bulle avec son nouveau-né. L'aîné cherche alors à perturber et s'immiscer dans cette interaction heureuse que nous avons décrite.

Un enfant plus « autonome » ?

C'est là que la mère a besoin de soutien. Car inévitablement, sollicitée par l'aîné, dérangée dans l'expression de son instinct et les soins qu'elle consacre au deuxième, elle va rabrouer l'aîné. Or, plus l'aîné essuiera ses remontrances, plus il aura l'impression que sa mère a changé, et plus il fera de colères et de caprices. Pour ne pas tomber dans ce cercle vicieux, et avant d'enfermer le premier enfant dans le diagnostic de jalousie alors qu'il s'agit plutôt d'ennui, il faut absolument que la mère soit déchargée de l'aîné une grande partie de la journée. Le mettre à l'école ou au jardin d'enfants le matin, par exemple, est une très bonne chose. J'entends souvent des mères me dire : « Je ne veux pas l'y mettre au moment de la naissance du deuxième, il serait jaloux. » Mais chacun des enfants doit vivre selon son âge et les besoins comme les aptitudes qui en dépendent. Il est donc possible d'expliquer aux grands que le petit, encore si proche de l'état fœtal, ne peut pas avoir de camarades, ne peut pas faire de peinture ni de pâte à modeler, ne peut pas marcher, ne peut pas jouer. L'aîné, lui, peut faire tout cela, c'est donc un privilège. Même s'il était enfant unique, il serait heureux, au milieu de ses petits congénères, de profiter de ce que lui offre son âge. La venue d'un bébé ne doit pas avoir pour conséquence que l'aîné vive confiné entre quatre murs, sinon ses caprices et ses colères se répéteront.

Il faudrait que les structures de jardins d'enfants soient plus développées dans notre pays. L'aîné devrait pouvoir y aller tous les jours, recevoir un accueil si chaleureux qu'il soit heureux d'y rester, et avoir des occupations qui l'éveillent. Le père peut aussi contribuer à décharger la mère de l'aîné ; et les grands-parents ont là un rôle essentiel : en s'occupant du grand, ils assurent la sécurité de la mère et lui permettent de se consacrer à son nouveau-né. Ils offrent aussi un peu de liberté au couple qui peut alors faire la découverte du nouveau bébé et lui offrir l'intimité dont il a besoin pour trouver sa place.

Le moment où la mère décide de se séparer de son bébé vient souvent plus tôt pour le deuxième enfant, et cela pour plusieurs raisons. La première, évidente, est la fatigue de la mère. S'occuper de deux enfants est épuisant, elle a besoin de se ressourcer. La seconde, comme nous l'avons vu, est sa plus grande sérénité. De plus, le nouveau venu ayant d'emblée à partager ses parents avec le premier, il s'habitue dès sa naissance à ne pas être le centre du monde.

C'est pourquoi la majorité des deuxièmes sont plus autonomes et moins anxieux. Mais plus indisciplinés aussi, et moins communicants, il faut y prendre garde. Ce sont des enfants qui parlent généralement plus tard que l'aîné, contrairement à ce que l'on pourrait penser. Le bain langagier de la mère est en effet moindre et l'aîné, qui a déjà accédé à la communication, accapare la conversation au lieu d'en faire profiter son cadet. D'autre part, les parents se montrant moins admiratifs de ses premiers pas, puisque l'aîné leur a déjà fait cette fête, le nouveau venu, les sentant moins mobilisés, prendra l'habitude de vivre sur son quant-à-soi, sera moins concentré et enregistrera moins spontanément les valeurs transmises par les adultes. Or ces caractéristiques, propres non pas à sa personnalité mais à son rang dans la famille, peuvent devenir un handicap à l'école : le cadet éprouve souvent des difficultés ou des réticences à écouter les consignes de l'enseignante. C'est là une raison supplémentaire pour que la mère jouisse, surtout la première année, de plages de tête-à-tête avec son second bébé, afin qu'elle puisse communiquer et vivre pleinement avec lui, sans que l'aîné vienne sans cesse s'immiscer dans leur relation.

La complicité du couple mise à rude épreuve

Le comble de la fatigue parentale survient au cours de la deuxième et de la troisième année du deuxième enfant. Certes, les parents sont heureux d'avoir construit une famille, d'avoir deux charmants bambins, éveillés et toniques. Mais les statistiques montrent que le père s'implique de moins en moins dans leur éducation. Sa vie professionnelle l'accapare, et la cause en est bonne puisque c'est pour l'intérêt de sa petite famille. Le soir, le retour à la maison lui est assez pénible entre les bains, les cris, les caprices des deux enfants qui sont tous deux dans un âge difficile... La jeune femme, qui a souvent repris son travail, est débordée par les soins à apporter à ses deux enfants et culpabilise de ne pas être davantage disponible. Ce rythme de vie crée un épuisement des deux parents d'autant plus pernicieux qu'ils n'en sont pas toujours conscients. Ils ne disposent plus d'assez de temps pour eux, ils manquent d'intimité ; s'ils consacrent tout leur temps libre à leurs enfants pour compenser leur culpabilité d'en passer trop au travail, ils ne communiquent plus entre eux, ne partagent plus de relation privilégiée. Il faut vraiment prévenir les jeunes gens que cette période-là est une période de grande fragilité. S'ils ne prennent pas garde d'appliquer ce que j'appelle « mon ordonnance-complicité » (voir p. 124), ils risquent d'en arriver à la séparation.

X

Chronique d'un divorce annoncé

Lorsque de jeunes parents me demandent un entretien particulier sans leur enfant, je sais en général à quoi m'attendre : « Docteur, nous venons pour que vous nous disiez ce que nous devons expliquer à notre enfant : nous allons nous séparer. »

Le climat est tendu entre les parents. Quand je les reçois individuellement, chacun me fait part des reproches et des récriminations qui l'opposent à l'autre, et je constate à quel point l'incompréhension s'est installée depuis la première naissance. Chacun s'est isolé dans ses préoccupations, est petit à petit devenu un étranger pour l'autre. Lorsqu'ils sont tous les deux dans mon bureau, il arrive que les invectives fusent, l'un conseillant à l'autre d'« aller voir un psy » – autrement dit lui signifiant : « C'est toi qui as des problèmes psychiques », « C'est toi le responsable, moi je suis sain d'esprit ». Les objets de friction se multiplient : problèmes financiers, sexuels, domestiques, éducatifs... tout y passe. Or, dans la plupart des cas, cette crise était écrite, non pas parce que l'un ou l'autre est particulièrement frigide, détraqué ou irresponsable, mais parce que les jeunes parents ne sont pas avertis de tout ce que j'ai écrit précédemment, de cette mobilisation d'énergie vitale si particulière qu'implique la création d'un enfant et qui, c'est absolument normal, vous laisse hors de vous... pour un temps. Une fois que vos enfants auront passé le cap des trois ans, vous verrez comme les choses reprendront leur place et comme vous pourrez être attentifs l'un à l'autre. Il est donc très regrettable d'en arriver si vite à des mots et des décisions irréversibles.

Comment l'idée de divorce gagne le cœur maternel

Nous avons vu que, au fur et à mesure que le nombre d'enfants augmente, l'homme, repris par ses préoccupations de carrière, s'implique de moins en moins. Je ne veux pas présenter là une caricature, mais simplement éclairer les jeunes hommes sur un schéma malheureusement très répandu dont les conséquences sont douloureuses. Le père rentre de plus en plus tard à la maison, mais il a l'impression que sa femme ne sait plus se rendre disponible pour lui, qu'elle se consacre entièrement à ses enfants. En revanche, il ne s'aperçoit pas qu'elle s'accoutume à ne plus compter sur lui. Elle prend l'habitude de gérer elle-même les choses graves et importantes, c'est elle qui répond aux demandes quotidiennes des enfants, qui se préoccupe des problèmes d'intendance, des problèmes avec la nounou. Tandis que l'homme se laisse absorber par le journal ou la télévision dont il maîtrise la télécommande, symbole phallique du pouvoir familial, la femme raconte une histoire et assure seule le coucher des enfants. Comme le souligne la psychologue Sylviane Giampino : « Certains hommes se plaignent de la toute-puissance des femmes mères. Nous vivons à une période charnière où les femmes commencent à entrevoir qu'elles y gagneraient à lâcher prise sur les enfants. Elles voudraient souffler un peu, mais elles n'ont pas encore confiance en le fait que les hommes assureront autant qu'elles. Il est vrai que beaucoup d'hommes découvrent qu'ils ont des enfants le jour où ils divorcent... »

Cette démission du père vient de ce qu'il pense que la psychologie des enfants est du ressort de la mère plus que du sien, de même que l'intendance du quotidien. Comme me disait une maman récemment divorcée : « J'ai découvert en le voyant s'occuper des enfants le week-end qu'il savait faire une assiette de jambon-purée ! » L'homme est beaucoup plus dans l'action que dans la parole, il agit toute la journée. De retour à la maison, il fait quelques « tournés-boulés » avec son garçon, se fâche parce que celui-ci n'obéit pas à sa mère. Puis, ayant le sentiment d'avoir accompli ce que son rôle de père exige, il se consacre à des activités personnelles qui le détendent. La femme, malgré ces enfants qui devaient les rapprocher, se sent de plus en plus seule en sa compagnie. Pour peu que monsieur, ayant besoin de se confier à une amie disponible, ou de sentir qu'on fait honneur à sa virilité, ait une aventure avec quelque rencontre de bureau, la mère, blessée dans son identité féminine, se dira que, de toute façon, il n'est pas très utile auprès de ses enfants et préférera vivre seule. Et les faits lui donneront raison : lorsqu'on compare le temps passé avec ses enfants par un père en situation conjugale à celui qu'il leur consacre en situation de séparation parentale, on constate que c'est le père divorcé qui est le plus disponible.

Pourquoi ce sont les mères qui demandent le plus souvent la séparation

Soixante-dix pour cent des demandes de divorce viennent des femmes. Se sentant seules à l'intérieur du couple, elles ont l'impression de pouvoir continuer d'assumer seules la charge des enfants. Et elles savent que, dans soixante-quinze pour cent des cas, elles en auront la garde. C'est un privilège que ne leur disputent guère les pères puisque, malgré les protestations de certains qui font la une des journaux, ils ne sont que seize pour cent à demander la garde de leurs enfants, les autres considérant que la mère est plus apte à cette tâche. Beaucoup d'autres préféreraient cependant le statu quo, leurs enfants dans la maison commune, car ils savent mieux que la mère s'organiser une vie professionnelle et sexuelle parallèle. Mais cette solution provoque de réels dégâts dans l'identité maternelle et par conséquent trouble l'alchimie du développement des enfants, l'image qu'ils se font de leur père, leurs possibilités de devenir des parents efficaces et sereins...

Ne pensez pas que je noircis la situation, je la transcris telle que je l'entends dans mon cabinet de pédiatre. Or si le couple en est là, ce n'est pas que madame soit devenue frigide. Quelques années plus tard, elle reconstituera un nouveau couple, elle aura retrouvé toute sa beauté et son érotisme. Ce n'est pas non plus que monsieur soit un individu affreusement égoïste. Il se peut qu'ayant analysé le pourquoi de la crise, il devienne un père et un compagnon tout à fait différent dans un deuxième couple. Mais à quoi bon briser la première union si des changements sont possibles ? Cela paraît d'autant plus absurde que la séparation résulte d'un processus prévisible entre jeunes parents déboussolés, et qu'il leur sera encore plus difficile de recomposer la famille autour d'enfants de lits différents.

Mieux vaut prévenir que guérir

Dans l'espoir que de nombreux pères et mères liront ce livre, j'aimerais rappeler ici quelques règles simples de prévention.

À la mère, je voudrais dire : sachez que votre enfant n'a pas tant besoin de minutes de présence du père que de voir ses parents amoureux. Votre relation avec le père est donc aussi importante que le temps pendant lequel il verrait ses enfants en cas de séparation. Mieux vaut donc retrouver petit à petit du temps pour votre couple plutôt que de vous investir entièrement dans votre fonction maternelle, si noble soit-elle.

Au père, je voudrais faire comprendre qu'il est normal que la mère semble enfermée dans une bulle pendant les premiers mois qui suivent la naissance d'un enfant. Ce n'est pas pour autant qu'elle n'est pas amoureuse de l'homme qui lui a fait cet enfant, ni qu'elle ne redeviendra pas séduisante et disponible sexuellement. Si vous respectez son sentiment maternel, elle aura rapidement envie de vous séduire à nouveau et elle reviendra spontanément à sa condition de femme.

En prenant conscience de ces vérités, en faisant les compromis que nécessite toute vie de couple, vous éviterez la grande déchirure d'une séparation, le drame qu'elle représente toujours pour les enfants comme pour les parents. Et si, dans le meilleur des cas, vous reconstruisez chacun une famille, vous aurez à revivre les mêmes ajustements, voire des ajustements plus subtils, pour que votre nouveau compagnon ou votre nouvelle compagne sente et accepte les besoins d'un enfant du premier lit. Pourquoi se placer dans ces configurations si complexes ? Loin de moi l'idée qu'il ne faut jamais divorcer. Je conçois qu'une situation de malheur et de dépression atteigne un degré tel qu'une séparation s'impose. Il faut pourtant en avoir bien pesé les raisons, s'accorder une pause de réflexion. La séparation est rarement inéluctable mais trop souvent aujourd'hui la conséquence d'un épuisement nerveux, tout simplement. Les jeunes gens n'ont pas été préparés à vivre leurs trois premières années de parents. Ceux qui ont reconstitué un nouveau couple, qui ont pris du recul par rapport à leur séparation, reconnaissent volontiers qu'ils auraient pu faire plus simple... Les associations de médiation familiale ont chiffré à vingt pour cent (un sur cinq !) le nombre de séparations évitées par des entretiens préalables avec une personne formée à la médiation... La consultation de tels professionnels devrait donc toujours être recommandée avant que les parents prennent des décisions irréversibles.

Quand la séparation est inéluctable

La séparation peut cependant s'imposer pour des motifs plus sérieux qu'un simple épuisement parental, tels que la drogue, l'alcoolisme, la violence, l'irresponsabilité matérielle, la dépression, la perversité. Commence alors la bataille autour de la garde des enfants. Les parents viennent souvent demander conseil sur cette répartition de la résidence. Mais plus que les heures et les jours passés avec l'un ou l'autre, l'important pour les enfants comme pour les adultes est de réussir à établir une nouvelle complicité parentale. Le couple conjugal s'arrête, soit, mais le couple parental doit continuer, c'est-à-dire que les parents séparés doivent tout faire pour rester des amis. C'est évidemment difficile au moment de la rupture : la souffrance et le sentiment d'échec sont trop forts pour laisser place à une nouvelle relation, la rancœur s'exprime, souvent alimentée par l'entourage familial ou amical qui croit par ce moyen soulager le jeune parent en détresse.

Tous les efforts doivent être faits pour montrer à l'enfant que son père et sa mère restent unis. Les plus belles paroles ne sont pas, comme le croient souvent les parents : « Tu sais, je continuerai de t'aimer. » – Je réponds : encore heureux ! – mais : « Je continuerai toujours d'aimer maman (ou papa). » Lorsque les blessures s'apaisent, il est des parents séparés qui continuent à avoir une affection profonde, une vraie générosité l'un envers l'autre. Les enfants de ces parents séparés mais solidaires dans la vie, liés par une nouvelle forme d'affection, ne souffriront guère. Ils seront bien moins perturbés par les invectives qu'ils entendent car ils se disent : « Je sais qu'ils vont redevenir des amis. » Eux-mêmes vivent de ces brouilles cruelles avec leurs copains, et savent bien que la réconciliation est probable... Ainsi aptes à prendre une certaine distance, ils peuvent rester à leur place d'enfant.

La répartition de la garde doit respecter l'instinct maternel

Les décisions concernant la résidence de l'enfant illustrent le conflit des parents. J'en vois qui s'arrachent leur bébé de six mois afin de partager strictement le temps de garde : un week-end chacun, la moitié des vacances scolaires. Mais que représente pour un bébé de six mois une période d'un mois de vacances scolaires ? Une séparation immensément longue d'avec sa mère. J'ai souligné la nécessité que l'enveloppe maternante s'ouvre doucement. Et je dis maintenant aux pères qu'ils ont beaucoup plus de chances d'obtenir de voir fréquemment leur bébé s'ils s'engagent à respecter les sentiments maternels de leur compagne que s'ils l'attaquent en justice à l'aide d'avocats et de certificats attestant leurs qualités paternelles. S'ils assurent à la jeune mère qu'ils respecteront ce qu'elle ressent, ils peuvent être certains qu'elle leur en sera reconnaissante et qu'elle garantira à l'enfant une bonne image de son père – vecteur de la présence paternelle bien plus essentiel que le temps effectif passé auprès de sa progéniture. Plus jeune est l'enfant, plus il faut être attentif à la demande de la mère. Cela ne prive en aucun cas le père de sa place puisque son rôle consiste justement à protéger la mère et non à servir de « mère bis ». Dans ces conditions, j'estime que pour un enfant de moins de deux ans, l'idéal est qu'il voie son père fréquemment mais par petites périodes, pour éviter à la mère des « coupures de cordon » trop violentes. Le professeur Maurice Berger, chef du service de psychiatrie au CHU de Saint-Étienne, va dans le même sens : « On sait de manière scientifique que le bébé, jusqu'à dix-huit mois à deux ans, éprouve un sentiment d'insécurité quand on le change d'environnement de manière fréquente. Il gardera une angoisse flottante. Par ailleurs un bébé est incapable de garder en tête l'image de sa mère plus d'un certain temps ; deux ou trois jours pour un enfant de quelques mois est un maximum. Après cela, il peut avoir le sentiment d'avoir perdu sa mère. Pendant cette période, le père a beau être attentif à son enfant, il n'est pas à égalité avec la mère. Les choses deviennent différentes quand l'enfant prend de l'âge. » Lorsque la mère, mise en confiance parce qu'on ne lui a pas pris son bébé autoritairement, commence à restructurer son identité de femme et à retrouver son énergie vitale, elle sera heureuse de confier son enfant, indépendamment des droits de visite, à ce compagnon si attentif à respecter ses sentiments maternels. Les pères qui agissent comme je l'ai décrit ont au début le sentiment d'y perdre. Mais finalement ils voient leurs enfants beaucoup plus facilement et beaucoup plus longuement que ceux qui se sont battus pour faire respecter leur droit strictement. Et les enfants sont très heureux de cette entente parentale. Vous me direz que je suis utopique. Non ! Nous, médecins, conseillons de plus en plus aux parents de consulter des médiateurs familiaux et ceux-ci parviennent à les conduire à une juste vision des choses. Ce recours devrait être obligatoire, comme il l'est au Canada, avant et après tout divorce.

Si les deux parents veulent continuer d'assumer leur rôle à part égale, ils peuvent demander pour leur enfant la résidence alternée. Les opposants ont longtemps argué que l'on y entend plus souvent une motivation d'adulte qu'une préoccupation du bien-être de l'enfant, et qu'il est difficile pour un petit de se partager entre deux maisons. Et dans ce cas, sa maison ne finit-elle pas par être... son sac à dos ? Je pense cependant que l'institutionnalisation juridique du système de garde alternée est un progrès. Ce mode de résidence, le partage égal du temps passé chez la mère et chez le père, oblige ceux-ci à trouver un nouveau mode de rapports moins conflictuel.

Lorsque les parents trouvent une relation apaisée, je les vois greffer sur une résidence principale déclarée leur propre désir, à la carte : ils assouplissent le système quand la confiance se ré-instaure entre eux. Quel que soit l'éloignement entre leurs demeures respectives, il y a toujours une solution, et elle est toujours profitable à l'enfant si elle découle d'une concertation calme ; si les parents n'utilisent pas leur enfant pour régler leur blessure d'amour-propre ou leur jalousie, pour punir l'autre ; s'ils ne craignent pas de perdre leur petit en le laissant aller chez l'autre. Passées les premières réactions passionnelles, je dois dire que les mères sont aujourd'hui de plus en plus conscientes de l'importance de la place du père auprès de leur enfant et je ne manque pas de leur dire combien elles seront heureuses, en particulier au moment de la puberté, d'avoir construit un lien puissant entre eux. Si elles ne l'ont pas favorisé, si elles l'ont empêché, la mésentente distillée au jour le jour leur reviendra au moment de l'adolescence. Car l'adolescent a besoin d'un adulte contre lequel se battre, d'une rupture. S'il n'a de contacts qu'avec sa mère, il n'aura plus de points d'appui pour se construire. Si les parents sont restés amis, il oscillera de l'un à l'autre et trouvera son chemin.

L'argent, le nerf de la guerre ?

« Tu as voulu que je parte, tu as trouvé un autre compagnon ? Je ne te donnerai pas d'argent ! » La symbolique de l'argent est importante. Un père qui ne peut pas apporter à la hauteur de ses moyens une contribution matérielle à la vie de ses enfants trouvera des prétextes divers : « C'est pour que ta mère ne vive pas avec untel grâce à cet argent. » Pourquoi alors ne pas verser cette somme sous la forme d'une part de loyer ? On est sûr qu'elle servira à l'enfant. Mais l'argent constitue souvent pour l'homme un instrument de vengeance ou d'asservissement ; c'est un symbole de son pouvoir viril.

Cependant, en l'utilisant ainsi, il dessert ses enfants. Car quand la mère travaille beaucoup afin de pouvoir leur donner le meilleur confort possible, leur offrir de longues études ou des activités extrascolaires, c'est du temps en moins qu'elle pourra consacrer à leur éducation, à leurs échanges affectifs. De leur côté, les mères veulent paraître désintéressées : « Je préfère ne pas faire d'histoires pour l'argent », oubliant que c'est le temps consacré à leurs enfants qui en pâtit. Je ne saurais donc trop recommander aux parents de s'en remettre chacun à un avocat personnel de façon à libérer leurs échanges de ces litiges.

Si sa mère est défaillante

Une mère peut être psychologiquement fragile, totalement instable, consommatrice de drogue, très infantile et immature. Dans ce cas il est tout à fait souhaitable que le père puisse assumer la résidence principale de ses enfants, même s'il doit, dans la mesure du possible, éviter de couper leur lien avec la mère. Ces cas sont rares, mais il m'est arrivé d'appeler certains pères à l'aide et j'en connais d'admirables, véritables soutiens de leur enfant mais aussi de la mère déprimée. Que le père ou la mère soient psychologiquement perturbés, il ne faut jamais chercher à les écarter. Sachez que vous pouvez demander une expertise psychiatrique au juge des affaires familiales. D'autre part, une fois que la résidence de l'enfant vous est confiée, celui-ci peut rencontrer le parent malade dans des lieux de médiation afin de ne pas se retrouver seul avec lui. Parallèlement, tout doit être entrepris pour aider l'adulte défaillant à se reconstruire psychologiquement. Mais c'est une tâche que le parent responsable ne peut assumer seul : il lui faut l'aide de la justice, des médecins, de la famille.

XI

Si fragile, la mère...

Des mères qui se veulent surpuissantes ?

La maternité révèle naturellement la puissance des femmes. Pendant sa grossesse, une femme se sent complète, c'est peut-être pour cela que l'on peut dire qu'elle est « phallique », au sens de l'androgyne originel. Mais il n'y a pas forcément d'abus de pouvoir dans cette situation, de même que l'homme n'est pas forcément violeur dès qu'il a une érection !

Et pourtant, que n'entend-on sur l'abus de pouvoir des mères ! « Il n'y a de bonnes mères que mortes : si aimantes soient-elles, elles ne sont jamais aussi respectueuses de l'autonomie de leurs enfants, jamais aussi discrètes, aussi légères à supporter, aussi agréables à évoquer que dans la mort. C'est d'abord pour elles, pour leur propre plaisir, leur propre jouissance, que les femmes font des enfants. La maternité, c'est la possessivité. » Les premiers mots du livre de Maurice T. Maschino, *Y a-t-il de bonnes mères ?*, résument bien comment la plupart des spécialistes et autres psys voient les mères aujourd'hui et alimentent le discours ambiant à leur propos. Les mères sont accusées d'enfanter pour satisfaire leur narcissisme, affirmer leur différence, être dans le bonheur d'être pleines, d'avoir un corps épanoui, d'être aussi puissantes que Dieu. Elles céderaient au goût du pouvoir que procure la fonction maternelle, au désir de se faire aimer de leur enfant, de redevenir petite fille pour jouer à la poupée, d'avoir un fils à défaut de mari. On leur reproche de ne pas allaiter, de mettre leurs enfants au biberon, mais aussi d'allaiter trop longtemps et de se refuser à sevrer leur enfant pour continuer à jouir de cette situation de nourricière. « Elles veulent tout ! » entend-on dire : une carrière professionnelle et des enfants dont elles souhaitent être l'unique interlocutrice. Lorsqu'un beau bébé est né et que la jeune mère est rassurée sur sa normalité, il est courant de dire qu'elle a « tout pour être heureuse ». Sa chambre s'emplit de fleurs, de dragées, de cadeaux et tout le monde l'appelle pour la féliciter. Elle suscite même certaines jalousies : être mère n'est-il pas le plus grand des bonheurs ? « À l'encontre de ce qu'on pourrait croire et qu'on continue encore trop de faire croire, la mère enveloppe ne se situe pour sa part ni dans l'effort ni dans le sacrifice. Elle retire pour elle-même de chacun de ses actes un bénéfice immédiat en stricte proportion du contentement qu'elle suscite. Nourrir, bercer, changer, soigner, endormir, promener, s'occuper en un mot d'un bébé ou d'un enfant, toutes les mères de bonne foi en conviendront, est une tâche plus souvent exaltante que simplement astreignante puisqu'elle s'inscrit dans le droit fil de la logique de la grossesse » écrit Aldo Naouri. Ce reproche adressé aux femmes heureuses de materner ne vient-il pas de ce que leur puissance naturelle effraie ou suscite l'envie ? N'est-ce pas pour cela que l'on a tendance à dévaloriser socialement tout ce qui est de l'ordre du féminin ?

Or ces différentes voix négligent ce qu'on constate dans le secret du cabinet médical. Quatre-vingts pour cent des femmes aujourd'hui pleurent du baby-blues, et plus de dix pour cent entrent en dépression nerveuse grave dans les trois mois qui suivent la naissance... Se demande-t-on pourquoi ? En fait, les ajustements qu'impose à la jeune mère l'arrivée de son bébé dans sa vie conjugale et dans sa vie sociale sont complexes. Et d'autre part, elle est confrontée à un enfant réel, alors qu'elle l'avait rêvé pendant sa grossesse. Elle doit se faire au décalage obligatoire qui apparaît entre l'enfant imaginé et le nouveau-né. Par ailleurs, elle est renvoyée à ce qu'elle a déjà reçu, ou croit n'avoir pas reçu, de sa propre mère. Toutes ses propres blessures d'enfant et d'adolescente resurgissent. Or comme je l'ai souligné, les jeunes femmes d'aujourd'hui appartiennent à une génération qui a été invitée par tout un courant psy à juger froidement la mère. La jeune adulte n'a jamais de mots assez durs pour critiquer l'éducation reçue. Mais elle se retrouve ensuite sans racines, ce qui est un lourd préjudice pour construire une vie naissante. Un vertige peut alors envahir la jeune maman, devant le berceau de son bébé.

Faut-il « tuer » les grand-mères ?

Aldo Naouri raconte comment il participait il y a quelques années à un enseignement post-universitaire de pédiatres. Ayant suggéré à leurs confrères de mettre leurs questions par écrit, quel n'a pas été l'étonnement du petit groupe de formateurs quand ils ont vu revenir un nombre impressionnant de bulletins posant la même question : « Faut-il tuer les grand-mères ? » C'était bien sûr des grand-mères maternelles qu'il s'agissait, ce sont elles que vise la vindicte. Lorsque j'étais jeune externe à l'hôpital Necker-Enfants Malades de Paris, j'ai moi-même entendu mon patron, le professeur Mallet, déclarer : « Pour donner une bonne consultation de pédiatrie, il faut commencer par mettre la grand-mère dehors ! » L'expérience m'a appris à considérer les choses autrement. Même si je ne suis pas encore moi-même grand-mère, j'ai pu constater combien la réparation du lien de la jeune maman avec sa mère était vitale pour elle comme pour le bébé. C'est en rasant les murs et en suivant discrètement le couffin et la maman que les grand-mères entrent aujourd'hui dans le cabinet des pédiatres. Elles ont compris, malheureusement, qu'elles ne sont pas forcément les bienvenues. Je dis alors au bébé : « Mais tu m'as amené mamie ! » Alors la vieille dame se rapproche du lit d'examen. Son visage se plisse de sourires et je sais que je la réintroduis dans le cercle familial pour le plus grand bonheur du bébé. Françoise Dolto racontait qu'une jeune accouchée ne pouvait aimer son bébé que si une femme de l'entourage, sage-femme ou pédiatre, disait à la jeune mère qu'elle était belle et que sa mère devait être belle, pour assurer que le bébé était beau. Constituant ainsi « le troisième terme de la situation triangulaire, le bébé se trouvait placé entre deux adultes accordés ». Et Dolto d'ajouter : « La vie entre les humains, c'est le dépassement de la souffrance que nos parents ont éprouvée à notre propos ou que nous avons éprouvée à propos de nos parents. »

Un enfant tout neuf, ça n'existe pas !

Dans l'éducation de nos enfants, nous avons tendance à répéter les pratiques de nos propres parents et même de nos grands-parents. Comme le dit la psychanalyste américaine Selma Fraiberg, dans chaque chambre d'enfant planent des fantômes. Beaucoup de pédiatres accusent les grand-mères maternelles de se précipiter dès que leur fille le leur demande, « quand elles n'induisent pas la demande à peine ébauchée » pour faire une sorte d'OPA sur l'enfant. Selon moi, c'est plutôt l'inverse qui se produit aujourd'hui : non seulement les grand-mères ne font pas pression pour se substituer à leur fille, mais elles sont plutôt... absentes, et c'est là l'une des difficultés des jeunes mères. Même s'il y a des aïeules exceptionnellement abusives, le problème est plutôt leur effacement : soit elles sont jeunes, encore engagées dans la vie professionnelle ou occupées à profiter d'un repos bien mérité ; soit elles sont géographiquement éloignées. Et lorsqu'elles sont proches et volontaires pour apporter leur aide, leurs filles, influencées par ce discours selon lequel les grand-mères chercheraient à détourner l'affection de leurs petits-enfants en leur faveur, auront peur de faire appel à elles.

On confie donc les bébés à des nourrices parfois froides et indifférentes alors que les grand-mères habitent tout près et seraient prêtes à câliner, stimuler, éveiller, chanter, attendre à la sortie de l'école, lire des histoires... C'est ainsi que se transmettent les valeurs familiales. Comme le dit un proverbe africain : « Il faut tout un village pour élever un enfant. » Un enfant a besoin de ses racines, de son passé. Nos enfants sans grand-mères ont une passion pour les dinosaures : faudra-t-il leur trouver des grand-mères virtuelles pour leur parler de leurs origines ? C'est avec une telle inculture que l'on a cassé la transmission transgénérationnelle, sans laquelle mettre un enfant au monde et l'éduquer est une tâche si vertigineuse.

Réparer la transmission transgénérationnelle

Obéissant strictement à l'optique psychanalytique, on ne tient pas compte de cette réalité nouvelle qu'est la fragilité d'une future maman ayant rompu avec sa mère. Entre une emprise monstrueuse et une rupture totale, il y a pourtant place pour une relation humaine. C'est celle-là qu'il faut savoir trouver, au lieu d'insuffler entre mères et filles la rancœur et la peur. C'est pourquoi, dans le sens des derniers travaux de Serge Lebovici, j'exhorte les jeunes mères, leur entourage et les psychologues amenés à les suivre à réparer les ravages provoqués depuis deux générations par un discours qui cherche à les couper irrémédiablement de leur propre mère en faisant leur procès. Mon maître insistait, dans ses dernières années, sur la fragilité particulière d'une femme en crise avec sa propre mère pendant sa grossesse. Il soulignait l'importance de créer autour d'elle un soutien qui l'aiderait à la « parentalité », c'est-à-dire à la capacité de devenir mère à son tour. Non que les professionnels puissent se substituer aux grand-mères, mais ils doivent avoir le souci de réparer le lien entre les générations.

On comprend pourquoi la jeune mère d'aujourd'hui a une impression aussi vertigineuse à la naissance, et pourquoi le baby-blues est si fréquent ; pourquoi, entre les papiers cadeaux et son beau bébé tranquille, elle peut s'effondrer en un torrent de larmes. Loin du nirvana dans lequel on l'imagine, elle est en fait submergée par l'énorme responsabilité qui lui incombe, se sentant requise à vie pour cet enfant. Son avenir lui apparaît brutalement comme entièrement voué aux besoins de ce petit être complexe. Autant il était simple de veiller sur lui tant qu'il était blotti au fond de son ventre, qu'il vivait à son rythme et selon ses besoins – il lui suffisait pour les combler de vivre tout simplement – autant sa nouvelle situation la plonge dans la perplexité : « Serai-je capable de répondre à ce devoir inéluctable, cette charge qui n'en finira pas, cette vie qui va peser à tout jamais sur la mienne et que je devrai peut-être assumer seule ? »

Les mots réconfortants du père tariront mieux les larmes que n'importe quel discours de morale, et une grand-mère qui admire sa fille et la conforte dans ses façons de faire sera plus bénéfique qu'aucun professionnel. C'est pourquoi je suis enchantée qu'elle assiste aux consultations du nouveau-né. Je peux alors l'encourager à faire confiance à l'instinct maternel de sa fille, même si celle-ci n'applique pas les mêmes méthodes que celles qu'on avait apprises à la grand-mère.

Aider les mères à risques

La dépression maternelle atteint soixante-quinze mille femmes chaque année. C'est un véritable problème de santé publique pour lequel rien n'est entrepris actuellement. Au lieu de culpabiliser toutes les mères, ne vaudrait-il pas mieux dépister et traiter celles qui sont en danger d'être « mauvaises » ? Lorsque je fais l'éloge des mères, je ne veux pas dire qu'elles sont toutes bonnes, mais qu'elles sont toutes admirables, et qu'il faut les protéger. On ne se débarrasse pas de la mère sous prétexte qu'elle peut être mauvaise, on doit l'aider pour qu'elle devienne bonne. On se préoccupe beaucoup de la future maman au cours de sa grossesse, mais elle est livrée à elle-même après son départ de la maternité. Son mari a repris le travail, elle est généralement seule, en tête à tête avec ce bébé dont elle ne comprend pas toujours les appels, et auquel elle doit s'ajuster. Elle est coupée de ses amies, qui ne sont pas à la même étape de leur vie et ne peuvent pas forcément la réconforter. La voilà submergée par des émotions très fortes, un véritable raz de marée. Elle revit à travers son enfant son histoire personnelle, et il est délicat de démêler ces souffrances passées. Lorsqu'on interroge les mères au troisième mois, la plupart d'entre elles confient qu'elles ont connu une période de déprime. Si elles peuvent en parler à leurs proches, le père de l'enfant avant tout, et si ceux-ci les réconfortent, elles en sortiront vite. Mais il n'est pas toujours facile de comprendre pourquoi la mère est déprimée. Le père peut avoir l'impression d'être extrêmement attentif à elle, et pourtant ne pas voir s'assécher ses pleurs.

Il faut alors recourir à un psychologue car les conséquences de la dépression maternelle peuvent être lourdes pour le bébé. C'est l'échange, le peau à peau, les mots enveloppants de la mère qui nourrissent l'enfant, plus encore que le lait. Si elle est fermée sur elle-même, si, submergée par sa propre détresse, elle ne peut pas communiquer, le bébé n'aura que le vide auquel se raccrocher. Les encéphalogrammes de nourrissons dont la mère est en dépression montrent que quarante pour cent d'entre eux présentent une activité réduite dans la zone frontale gauche du cerveau. Cette activité redevient normale dans la plupart des cas quand la dépression de la mère cesse. Lorsqu'un nourrisson est ainsi seul avec un adulte dépressif, donnant des soins parfois techniquement parfaits, mais non illuminés par la joie et le désir, il a tendance à s'éteindre. Il arrive certains jours qu'une mère n'ait plus envie de rire, de bercer, de câliner son bébé et nous dise d'une voix assourdie par les pleurs : « Je ne comprends, pas, je le passerais bien par la fenêtre. » Elle est épuisée, elle cherche à retrouver sa personnalité d'avant le bébé. Elle l'a pourtant voulu, cet enfant, mais elle n'arrive pas à se restructurer en fonction de cette nouvelle vie qui lui semble dévorer la sienne, sans qu'elle soit elle-même nourrie. On ne peut donner d'amour à un enfant que si l'on en reçoit soi-même, de son mari, de ses propres parents.

J'espère que toute maman qui perçoit les prémices de la dépression ne les cachera pas sous prétexte qu'une bonne mère doit être heureuse, mais osera en parler à son médecin. J'espère aussi que tout jeune père saura et acceptera l'idée qu'il ne pourra peut-être pas endiguer tout seul cet état dont les raisons le dépassent souvent, et alertera un médecin. Car on peut protéger considérablement les enfants en prenant soin de leurs jeunes mères, au lieu de leur jeter l'anathème. L'étude menée dans l'État de New York sur un groupe de 400 enfants nés dans une situation à haut risque de dépression maternelle est édifiante. La plupart des mères étaient soit adolescentes, soit seules, soit issues d'un milieu pauvre et défavorisé. Une équipe de psychologues proposa à la moitié des mères un programme de soutien : une infirmière leur rendit visite à domicile pendant leur grossesse et jusqu'à la deuxième année du bébé. Elle donnait des conseils à la maman, la rassurait sur sa fonction maternelle, lui montrait comment interagir de façon appropriée avec l'enfant, lui offrait un soutien moral, et parlait avec elle de sa propre enfance, de son projet éducatif, de ses problèmes d'emploi ou de planning familial. Grâce à ce programme, le nombre d'enfants négligés ou maltraités dans les familles suivies fut de quarante-six pour cent inférieur à celui constaté dans les familles qui n'avaient pas reçu cette aide. Les mères reprenaient plus facilement leur travail, étaient moins délinquantes. Un programme similaire vient d'être lancé à Memphis.

On le voit, l'instinct maternel existe, mais il est fragile et peut avoir des ratés, de même que l'instinct de se nourrir peut s'égarer dans la boulimie et l'anorexie, du fait de difficultés psychologiques. Mon propos est donc de dire : au lieu de traiter les mères de mères indignes ou de les culpabiliser devant leur comportement, chacun, autour d'elles, grand-mère, mari, personnel médical et paramédical, personnel de crèche, de PMI, psychologues, doit se demander ce qu'il peut faire pour la soutenir, réparer les liens familiaux et la protéger dans ses relations instinctives avec son nouveau-né.

Au fond, pour Folcoche, on aurait rêvé d'une bonne thérapie. D'accord, avoir une mère indigne a sans doute été pour Hervé Bazin un moteur de sa création – et l'on peut trouver là un avantage à cette mère ! Mais pour les petits-enfants, une telle image de grand-mère ne peut pas être fondatrice.

XII

Mères d'autrefois et mères d'ailleurs

Lorsque je fais allusion aux mères d'ailleurs, je pense à toutes ces mères qui ont bercé mon enfance exotique, et qui m'ont certainement rendue plus réceptive aux absurdités de notre comportement occidental. À partir de quatre ans, j'ai grandi au milieu des bananeraies et des rizières, au pas berçant des femmes vietnamiennes qui portaient en permanence leur bébé dans un pagne drapé sur leur dos ou sur leurs hanches ; ou dans l'un de deux paniers tressés qui se balançaient de chaque côté du jonc posé sur leur épaule, l'autre panier accueillant un sac de riz ou de bananes. Ainsi était-il bercé par le roulement de l'épaule maternelle. Elles l'installaient aussi dans un hamac relié par un ruban à la pédale de la vieille machine à coudre Singer, pendant qu'elles pédalaient pour coudre pantalon noir et tunique de satin. Ces bébés, toujours portés, ne pleuraient pas et n'avaient pas de coliques comme en ont les nôtres. Ils dormaient le soir avec leur parents et s'assoupissaient au sein de la mère. Ils ne s'éloignaient du grand lit en bois que pour retrouver l'aïeule sommeillant dans un autre coin de la paillote. Ces enfants, parce qu'ils ne sont jamais seuls, sont parfaitement autonomes ensuite. Qui pourrait dire que les Asiatiques sont moins entreprenants que les

Occidentaux, ou que leur complexe d'Œdipe est moins bien résolu ?

Lorsque j'eus quatorze ans, ma famille s'installa en Nouvelle-Calédonie. Je retrouvai chez les Mélanésiennes la même façon d'entourer les enfants, allaités à la demande, s'endormant dès qu'ils en avaient besoin dans les bras de leur mère. Ces visions m'ont marquée d'une empreinte indélébile et je les ai gardées enfouies au fond de ma mémoire tandis que je m'imprégnais de biologie, d'immunologie et de thérapeutique pendant mes études de médecine à Paris.

Puis, attirée par les tropiques qui avaient bercé mon enfance, je suis retournée m'installer comme pédiatre à Nouméa au moment où naissait ma deuxième fille. Je pus alors comparer avec beaucoup plus d'acuité les mœurs que j'avais observées dans les salles d'attente pédiatriques parisiennes et celles que je retrouvais dans ces régions. À un bout du monde on disait aux mères de ne pas prendre leur enfant dans leurs bras trop souvent, de leur imposer un rythme de tétée, de les laisser pleurer la nuit pour éviter de les rendre capricieux ; à l'autre bout, la mère berçait son petit de sa présence, qu'elle marche, qu'elle travaille ou qu'elle dorme, et on n'entendait pas de pleurs. C'est ainsi que j'ai compris la rigidité de nos méthodes occidentales, aussi bien en ce qui concerne la façon de nourrir les bébés, de les porter, ou encore de réagir à leurs pleurs. Nos principes sont si rigides qu'ils condamnent et culpabilisent les mères qui se laissent aller instinctivement à un comportement plus tendre.

La proximité de la mère et de son nourrisson se retrouve dans de nombreux autres pays que ceux que j'ai cités ; et dans nos fermes, au début du siècle, quand une seule pièce était chauffée la nuit, et que tous dormaient ensemble. On ne peut évidemment pas transposer ces habitudes à notre vie actuelle : les parents occidentaux ont bien peu de temps pour se voir dans la journée, ils ont besoin de se retrouver en tête à tête le soir et d'avoir une intimité la nuit. D'autre part, nous l'avons vu, le père doit, quand il sent que la mère est prête, l'aider à se séparer de son enfant. J'insiste simplement sur l'importance de respecter la sensibilité maternelle et de laisser au bébé un temps de sécurisation suffisant avant d'envisager tout éloignement de la mère. Lorsqu'une mère dit ne pas ressentir le besoin de laisser son nouveau-né de quinze jours pleurer sous prétexte que « ce n'est pas l'heure de l'alimenter », lorsqu'une mère se sent plus rassurée de s'endormir avec son nourrisson, lorsqu'une mère se dit angoissée de faire garder son bébé de trois mois en collectivité, c'est nier son instinct et aller à l'encontre des besoins de l'enfant que de passer outre. Les pères asiatiques ou mélanésiens ne sont pas plus frustrés que les pères occidentaux. Il y a simplement dans ces cultures un respect du rôle de la mère qui permet aux générations une véritable transmission des valeurs. Les ancêtres sont vénérés, le culte des âmes errantes n'est qu'une façon de maintenir en vie les valeurs de nos aïeux. Chez nous, on va de moins en moins dans les cimetières et l'on envoie mamie mourir à l'hôpital... Les lois de la nature ne doivent pas être trop violemment transgressées ; c'est ce que le bébé chinois ou mélanésien rappelle aux parents. La société occidentale va dans le sens d'une séparation trop précoce et trop brutale de la mère et de son enfant. J'espère, par cet ouvrage, faire réfléchir les unes et les autres sur un assouplissement souhaitable de nos mœurs.

XIII

Conclusion

Les comparaisons culturelles, l'anthropologie, les neurosciences et la psychologie développementale nous apprennent combien est précieux et sensible le cerveau humain, et combien sont étonnantes les premières étapes de son développement. Dès sa naissance, le nourrisson devine les désirs de sa mère et sait faire comprendre les siens propres. Ainsi s'établit une action relationnelle entre sa mère et lui. Puis le cercle s'élargit progressivement, selon un calendrier ressenti par la mère, d'abord au père puis aux plus proches parents. Ignorer la sensibilité aiguë de la mère aux signaux que l'enfant envoie peut entraîner des troubles aussi graves pour lui que les carences alimentaires.

Seule une mère aime sans conditions et pour la vie entière. Comme en témoignait récemment dans *Le Figaro-Magazine* un prêtre qui s'occupe des prisons : la seule personne qui continue régulièrement de visiter un prisonnier de longue durée est... sa mère. Si, sous l'effet de certains événements, l'enfant, quel que soit son sexe, s'affranchit d'elle, elle, en revanche, reste d'une manière ou d'une autre attachée à lui jusqu'à sa propre mort. Voici un très beau témoignage d'une mère d'enfant en prison :

« Un après-midi d'octobre 1985, à Paris, je me suis

sentie si mal que j'ai demandé au médecin de passer chez moi au retour du travail. Je l'attendais. Il était environ 20 heures ou 21 heures. On sonne. J'ouvre sans me méfier. Et devant moi, ma fille, si désirée, si belle – vingt-cinq ans – sur le palier, menottes aux poignets, deux CRS me bousculent, entrent, referment la porte sur ma fille, gardée par une femme. [...] Ce jour-là, c'est moi qu'on arrêtait, moi qui suis allée en prison à Fleury. C'est moi dont les poignets étaient entravés par les menottes. Jamais, jusqu'à mon dernier jour, je ne pourrai chasser cette image de ma tête, de mon cœur. Ce jour-là, ma vie s'est arrêtée pour de bon [...]. Je crois qu'une mère vit tellement fort ce que son enfant vit[1]. »

Voilà qui démontre combien l'amour de la mère est inconditionnel, combien il mérite le respect, l'admiration, combien il est profond et vivant. Les mêmes psys qui n'ont pas de mots assez durs pour mettre en garde contre la soi-disant toute-puissance des mères le reconnaissent : « N'entend-on pas parfois des hommes de soixante-cinq ans nous dire avec émotion qu'ils ont une vieille mère encore quelque part en vie et si merveilleuse ? » note Christiane Olivier.

Les femmes savent bien que l'enfant n'est jamais la possession de ses parents et elles ne rêvent pas, à part quelques cas de femmes fragiles que nous avons décrits, de conserver la mainmise sur leur enfant toute leur vie. Or dans les grandes villes, « il naît toutes les vingt minutes un être qui, entre zéro et six ans, par trop de souffrances solitaires, ou trop d'interdits à sa liberté psychomotrice, ou trop d'indifférence à sa personne, ou trop d'accaparement parental de son corps, comme objet de

1. Jean Pierre Gueno, *Paroles de détenus*, Éd. Les Arènes-France bleue, 2000.

plaisir des adultes, a manqué de la tendresse, de la sécurité et de l'amour qui rendent libre », disait Françoise Dolto.

Les mères ont parfaitement conscience que leur comportement est déterminant dans la formation du caractère de leurs enfants. Si elles veulent exister dans leur vie professionnelle, elles ne veulent pas pour autant laisser passer la joie de les observer et de les encourager. Pour assumer cette responsabilité, elles ont besoin du soutien de l'environnement social. Et les professionnels qui s'occupent des jeunes enfants ont également besoin d'aide, d'une meilleure formation, d'un meilleur encadrement et d'un meilleur salaire. Certaines mères peuvent être dépressives ou avoir une attitude éducatrice trop exigeante, projeter leurs propres désirs parentaux sur leur enfant, elles peuvent aussi parfois le considérer comme objet de plaisir de façon trop accaparante. Mais au lieu de jeter l'anathème sur ces mères en difficulté, il faut les aider et accompagner leur parentalité pour qu'elles trouvent une identité maternelle plus harmonieuse.

Je rejoins la demande formulée par mon amie Valérie Lumbroso à la lecture de ce manuscrit : « Alors que les préparations à l'accouchement sont très bien faites dans la plupart des hôpitaux, il n'y a pas de suivi après. Le premier mois, c'est la panique, surtout quand on allaite. Pourquoi ne pas continuer pendant un mois à organiser des rencontres hebdomadaires avec la puéricultrice, en groupe, pour être soutenue quant aux demandes du bébé au point de vue matériel et psychologique, et échanger avec d'autres nouvelles mères ? »

Je voudrais conclure sur le projet américain Early Head Start, programme pilote pour les nourrissons de moins de trois mois, élaboré au vu des résultats obtenus par deux autres programmes. Le plus vaste et le plus ancien des deux a été mis en place pour 14 millions d'enfants de plus de trois ans. En comparant des enfants de même milieu qui avaient bénéficié de ce programme et ceux qui n'en avaient pas bénéficié, on a pu constater que l'accompagnement social et psychologique des mères permettait moins d'échecs scolaires, moins de grossesses chez les jeunes filles, moins de problèmes de santé, de comportements agressifs et de démêlés avec la loi. Plus intéressant encore est l'« ABCD », projet mis en œuvre pour des enfants de Caroline du Nord nés dans des milieux très défavorisés. Le suivi a ici été continu de la naissance jusqu'à l'âge de huit ans. Les tests proposés aux enfants au terme de ces huit années, puis à douze et à quinze ans, ont montré que le quotient intellectuel de ceux dont les mères étaient soutenues psychologiquement, ainsi que leurs performances aux tests de lecture et de maths, étaient supérieurs à ceux du groupe témoin. Ils possédaient également une intelligence émotionnelle plus sensible, un meilleur contrôle d'eux-mêmes, une meilleure faculté d'attention à autrui, de même qu'une moindre agressivité et, de ce fait, une meilleure intelligence relationnelle. En revanche, ceux dont le soutien n'a commencé qu'à la maternelle ne présentaient pas de différences significatives. Il apparaît donc que plus le suivi psychologique de la mère est précoce, plus il est efficace.

Au vu de ces résultats, le Congrès américain a enclenché le Early Head Start pour les nourrissons de moins de trois mois. Ce programme comporte des lieux de rencontre entre les familles et propose un soutien psychologique ou matériel semblable à celui de la Maison Verte à Paris, dont l'exemple a malheureusement été peu suivi. Ces maisons de parents devraient être multipliées dans toutes les mairies. Je dois souligner à ce propos le travail admirable fait actuellement dans les ludothèques. Ces espaces, théoriquement réservés au jeu, sont en fait souvent animés par de remarquables éducatrices ou psychologues. L'accueil des mères qui y conduisent l'enfant permet une excellente observation, une intégration de celles qui sont déprimées ou immigrées, un meilleur repérage et un soutien par des entretiens psychologiques. Malheureusement ce type d'espace de rencontre n'est pas toujours encouragé comme il le faudrait.

Alors, oui, si réhabiliter le rôle de la mère est vital ; si donner au père sa véritable place est fondamental ; si adoucir la séparation mère-enfant est primordial ; si élargir le choix du mode de garde est un devoir social ; si accroître le nombre de crèches est nécessaire ; si multiplier, former, soutenir les assistantes maternelles est indispensable ; si créer des ludothèques est un facteur d'intégration ; si ouvrir l'école aux parents est urgent ; si revaloriser la famille est la meilleure prévention de la violence des jeunes ; alors, oui, si tout cela est vrai, c'est que notre société dite moderne a besoin de se reconstruire, avec une ambition véritable, qui est de donner à la mère tous les moyens de favoriser l'épanouissement de nos enfants.

En proclamant cet éloge des mères, j'espère mobiliser tous ceux qui contribuent à la transformation de notre univers : enseignants, parents et grands-parents, psychologues, pédiatres, juges. Car il n'est pas de mission plus exaltante et plus utile que de réhabiliter le rôle des mères.

Pour conclure je vous confie un de mes rêves : que Paris devienne la capitale mondiale du respect dû à l'enfant et à sa mère, et pour cela redonner vie au projet initié par mon maître Robert Debré, le Centre international de l'Enfance. En y œuvrant, j'aurai l'honneur de mieux servir les mères, car un maman, c'est sacré !

Je remercie

Élisabeth Badinter et Aldo Naouri qui m'ont inspiré une fertile contradiction ;

Donald W. Winnicott et Françoise Dolto qui m'ont permis de montrer le caractère révolutionnaire de leur message malheureusement encore mal compris.

Bibliographie

BADINTER É., *L'amour en plus*, Flammarion, 1980

BARNET A. et R., *À quoi pensent les bébés*, Marabout, 2000

BAZIN H., *Vipère au poing*, Grasset, 1948

BAZIN H., *Le matrimoine*, Le Seuil, 1967

BERGER M., *L'enfant et la souffrance de la séparation*, Dunod, 1997

CASTELAIN-MEUNIER C., *Pères, mères, enfants*, Flammarion, 1999

COHEN-SOLAL J., GOLSE B., *Au début de la vie psychique*, Odile Jacob, 1999

CYRULNIK B., *Les nourritures affectives*, Odile Jacob, 1993

DOLTO F., *L'image inconsciente du corps*, Le Seuil, 1984

DOLTO F., *Quand les parents se séparent*, Le Seuil, 1988

DOLTO F., *Sexualité féminine*, Scarabée, 1982

FRAIBERG S., *Fantômes dans la chambre d'enfants*, PUF, 1999

GIAMPINO S., *Les mères qui travaillent sont-elles coupables*, Albin Michel, 2000

KNIBIELER Y., *Histoire des mères et de la maternité en Occident*, PUF, 2000

LEBOVICI S., DIATKINE R., SOULE M., *Nouveau traité de psychiatrie de l'enfant et de l'adolescent*, PUF, 2000

LE CAMUS J., *Le vrai rôle du père*, Odile Jacob, 2000

MASCHINO M. T., *Y a-t-il de bonnes mères ?*, Belfond, 1999

NAOURI A., *Les filles et leurs mères*, Odile Jacob, 1998

OLIVIER C., *Petit Livre à l'usage des pères*, Fayard, 1999

POYSSON-BARDIES B. (de), *Comment la parole vient aux enfants*, Odile Jacob, 1996

RICH HARRIS J., *Pourquoi nos enfants deviennent ce qu'ils sont ?*, Robert Laffont, 1999

STERN B. N., *La naissance d'une mère*, Odile Jacob, 1998

WINNICOTT D. W., *De la pédiatrie à la psychanalyse*, Payot, 1992

WINNICOTT D. W., *L'enfant et sa famille*, Payot, 1971

Table des matières

Aubin Imprimeur
LIGUGÉ, POITIERS

Achevé d'imprimer en mai 2002
pour le compte de France Loisirs
123, bd de Grenelle, 75015 Paris

N° d'édition 36755 / N° d'impression L 63488
Dépôt légal, mai 2002
Imprimé en France